Inhalt

Liebe Leserinnen und Leser!

Vor 500 Jahren wurde der bis dahin unbedeutende Augustiner-Emeriten-Mönch Martin Luther auf die Bühne der Weltgeschichte geschleudert. Am Anfang standen seine theologischen Überlegungen zum Verhältnis von Gott und Mensch. Aber schnell wurden Papst, Fürsten und Kaiser gezwungen, auf den Wittenberger Theologen zu reagieren, denn Luthers durch das Studium der Bibel gefundene Einsichten erschütterten nicht nur das festgefügte scholastische Glaubensgebäude, sondern in der Folge auch die politische und gesellschaftliche Ordnung.

Diese große und die späteren Jahrhunderte prägende Geschichte zu verfolgen, ist überaus spannend. Ebenso interessant aber ist zu schauen, welche Auswirkungen die Reformation »vor Ort« hatte. Dass sich die Evangelische Verlagsanstalt mit ihrer Journalreihe »Orte der Reformation« dieser Frage angenommen hat und Celle in den Fokus stellt, ist ein besonderes Geschenk für die Stadt und ihre Bürgerinnen und Bürger im Reformationsjahr 2017.

Die für das Journal gesammelten Impressionen und Texte machen deutlich, dass Celle eine weithin unterschätzte Rolle bei der Einführung der Reformation in Norddeutschland spielte. Schon sieben Jahre nach Luthers Thesenanschlag in Wittenberg wurde in Celle evangelisch gepredigt! Weitere drei Jahre später wurde in Celle, dem Zentrum des Fürstentums Lüneburg, die Reformation institutionell verankert. Im Verständnis neuzeitlicher Menschen mögen diese Zeiträume »Ewigkeiten« beschreiben – zu Beginn des 16. Jahrhunderts bedeuteten diese Zeiträume schnelle Entwicklungen.

Wer die Akteure der Reformation in Celle waren, wo sie gewirkt haben, welche Anstöße sie gegeben und welche Spuren sie in der Stadtgeschichte hinterlassen haben, diesen Fragen wird in dieser ansprechenden Publikation auf unterhaltsame Weise nachgegangen. Celle ist eine Stadt mit bedeutender Geschichte, das dürfte nach dem Ende der Lektüre deutlich sein.

Die Rückbesinnung auf die Anfänge der Reformation und ihre Folgen in Celle bietet eine gute Gelegenheit, auch darüber nachzudenken, wie heute reformatorische Prozesse initiiert werden können. Denn es ist ja unbestreitbar, dass nicht nur die Kirche sich getreu dem reformatorischen Motto »ecclesia semper reformanda« immerzu verändern muss, will sie ihrem Auftrag gerecht werden – sondern auch die Gesellschaft muss sich immer wieder neu formieren.

Der geschichtliche Rückblick und die mit Händen zu greifende Reformationsgeschichte in Celle mag uns ermutigen, die Aufgaben der Gegenwart anzugehen.

Uwe Schmidt-Seffers
1. Stellvertretender Superintendent
Evangelisch-lutherischer Kirchenkreis Celle

Liebe Gäste!

Die vor 500 Jahren durch Martin Luther in Bewegung gesetzte Reformation der christlichen Kirche ist ein Thema, das bis heute nicht nur in Deutschland, sondern darüber hinaus international und auch global von Bedeutung ist. Nach der mittelalterlichen Teilung in West- und Ostkirche spaltete sich das Christentum vor 500 Jahren erneut. Zu den orthodoxen Ostkirchen und der römisch-katholischen Kirche gesellte sich eine neue Gruppe, die Protestanten mit ihren im Verlauf der Geschichte vielfältigen Gliederungen.

Die Reformation hatte in den Gebieten, in denen sie erfolgreich war, weitgehende religiöse und gesellschaftliche Auswirkungen. Aber auch die nicht-reformierten Gebiete in Europa wurden durch die Reformation erheblich beeinflusst. Katastrophale Auseinandersetzungen, die schlimmste war sicherlich der 30-jährige Krieg, verheerten das Zentrum des Kontinents.

In Celle hat die Reformation schon früh Fuß gefasst, indem die in Wittenberg ausgebildeten welfischen Herzöge sich die lutherischen Lehren zueigen machten und sie in ihren Herrschaftsgebieten einführten und durchsetzten. Diese sogenannte Fürstenreformation ist im Norden Deutschlands einmalig und führte dazu, dass die Celler Fürsten und Theologen für die weitere Ausbreitung der Reformation so wichtig wurden.

Aus diesem Grunde gibt es heute in Celle und dem ehemaligen welfischen Fürstentum Lüneburg noch so viele Zeugnisse, die auf das Geschehen vor 500 Jahren hinweisen. Auch in den Kirchen wird die Reformation bis heute gelebt und weiterentwickelt.

Celle als Ort der Reformation ist eine ausgezeichnete Basis, um das Thema in eine breite Öffentlichkeit zu tragen. Hierzu dient auch die hier vorgelegte, schöne und gelungene Publikation, genauso wie die vier Ausstellungen, die das Bomann-Museum gemeinsam mit dem Residenzmuseum im Celler Schloss und dem Kirchenkreis Celle im Jubiläumsjahr 2017 veranstaltet.

Während sich die Ausstellung in der Stadtkirche dem heutigen kirchlichen und religiösen Leben widmet und dessen Spuren in der Reformationsgeschichte bis heute verfolgt, wird das Bomann-Museum zum einen die historischen Geschehnisse in Celle präsentieren, zum anderen die gesellschaftlichen Auswirkungen der Reformation und sich daraus ergebende Fragestellungen bis in die Gegenwart aufzeigen. Das Residenzmuseum im Celler Schloss wird sich mit der großartigen Celler Schlosskapelle beschäftigen und deren vielfältigen Beziehungen zur Reformation aufarbeiten.

Damit erhält das Thema »500 Jahre Reformation in Celle« eine angemessene Würdigung.

Jochen Meiners
Herausgeber

ALLERBLICK — *Die Landschaft im Gebiet der Stadt Celle ist geprägt durch die Lage an der Aller, die von Südosten kommend das Stadtgebiet in nordwestlicher Richtung durchfließt.*

WEIHNACHTSMARKT / ALTES RATHAUS / STADTKIRCHE — *Ende November verwandelt sich die Celler Altstadt in ein Weihnachtsmärchen. Die Fachwerkhäuser und Straßen in der Fußgängerzone leuchten im festlichen Glanz der weihnachtlichen Illumination und der Duft von Lebkuchen, Maronen und Tannengrün zieht durch die historischen Gassen und Höfe.*

BIENENINSTITUT — *Veranlasst durch den starken Rückgang der Bienenhaltung Anfang des 20. Jahrhunderts wurde in Celle das Bieneninstitut gegründet. Am Rand der Altstadt gelegen beherbergt es in einem idyllischen Garten etliche Bienenvölker und ein kleines Museum.*

STADT-FÜHRUNG

Celle, lebendige Kreisstadt nördlich von Hannover, lädt mit seiner wunderschönen Altstadt aus Fachwerk verschiedener Zeiten die Besucher zu einem Spaziergang ein. Die räumliche Nähe von Schloss, Rathaus und Stadtkirche zeugt von der langen Geschichte einer früheren norddeutschen Residenzstadt. An diesen Gebäuden entlang geht der Weg zu wichtigen und interessanten Schauplätzen einer spannenden Geschichte.

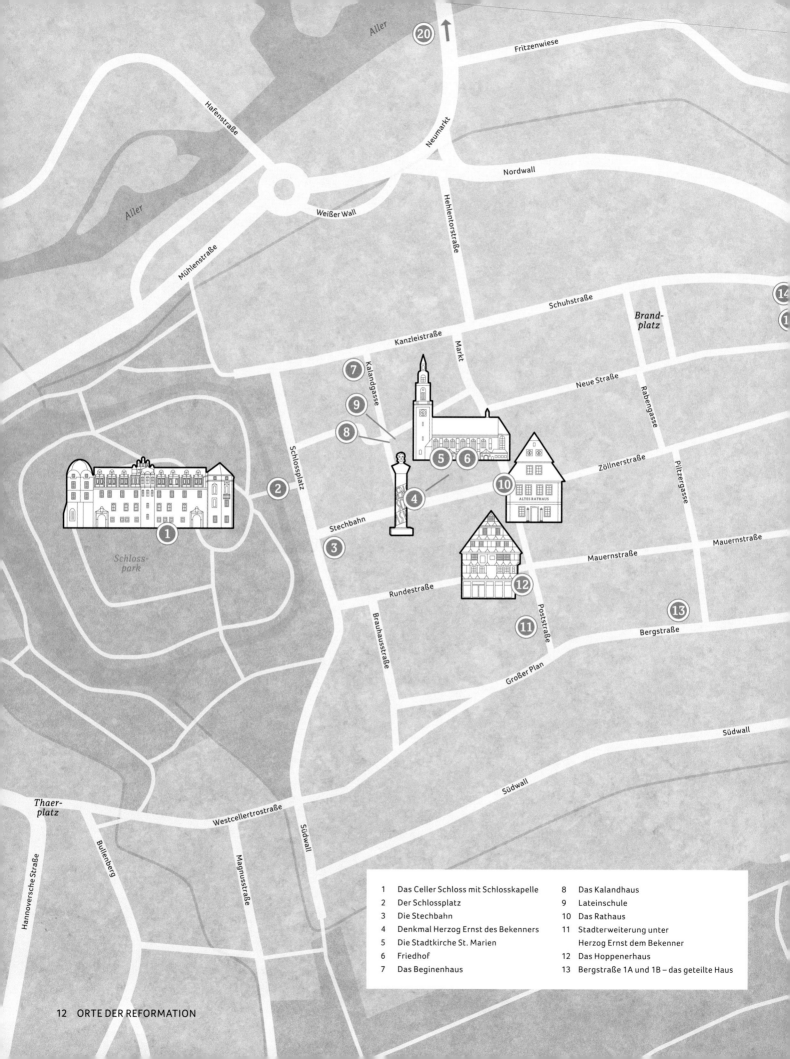

1 Das Celler Schloss mit Schlosskapelle
2 Der Schlossplatz
3 Die Stechbahn
4 Denkmal Herzog Ernst des Bekenners
5 Die Stadtkirche St. Marien
6 Friedhof
7 Das Beginenhaus
8 Das Kalandhaus
9 Lateinschule
10 Das Rathaus
11 Stadterweiterung unter Herzog Ernst dem Bekenner
12 Das Hoppenerhaus
13 Bergstraße 1A und 1B – das geteilte Haus

Historischer Stadtrundgang

VON SABINE MAEHNERT

① Das Celler Schloss mit Schlosskapelle

Der Rundgang beginnt vor dem Celler Schloss. Es ist heute das historisch und kulturhistorisch bedeutsamste Gebäude in Celle. Schon vor Celles Stadtgründung 1292 hat es an dieser exponierten Stelle ein Gebäude gegeben. Im südöstlichen Turm des Schlosses, dem sogenannte Kapellenturm, befindet sich die Schlosskapelle. Ihre ältesten Bauteile – das gotische Kreuzgewölbe – gehen auf die zweite Hälfte des 15. Jahrhunderts zurück, also auf die Regierungszeit von Herzogin Anna von Nassau und ihres Sohnes Herzog Heinrich der Mittlere. Die Ausgestaltung des Innenraums hingegen stammt aus nachreformatorischer Zeit. Sie wurde von Herzog Wilhelm dem Jüngeren (1559–1592) in Auftrag gegeben und ist eines der bedeutendsten Kunstwerke norddeutscher, wenn nicht sogar deutscher Renaissance.

Nach der Reformation erweiterte Herzog Ernst 1533 das Schloss, sein Sohn Franz Otto führte diese Baumaßnahmen 1555 weiter fort. Das heutige Aussehen als Vierflügelanlage erhielt es während der barocken Umgestaltung in der Regierungszeit Herzog Georg Wilhelms (1665–1705). Viele italienische Kunsthandwerker statteten die Residenz aus. Dem Kunstsinn des letzten Celler Herzogs ist auch die Errichtung des Celler Schlosstheaters zu verdanken.

Noch im 18. Jahrhundert war das Schloss mit fünf Rondellen, Wall und Graben befestigt. Diese Befestigung wurde nach dem Siebenjährigen Krieg abgetragen und durch eine das Schloss umgebende Parkanlage ersetzt.

② Der Schlossplatz

Nach der Einrichtung Celles als ständige Residenz der Herzöge zu Braunschweig und Lüneburg 1433 entstanden im Bereich der sogenannten Vorburg allmählich zahlreiche Wirtschafts- und Verwaltungsgebäude für die herzogliche Hofhaltung. So reihten sich im 18. Jahrhundert von der Kanzleistraße bis zur Stechbahn die Hofschmiede und Hofrademacherei, die Kanzlei mit Wohnung des Kanzlers, die Burgvogtei, die Schlosspförtnerei, die Hofkornschrei-

14 Kloster Am Heiligen Kreuz
15 Die Nienburg – Alterssitz von Herzogin Anna
16 Stadtbefestigung
17 Siechenhaus St. Georg auf der Blumlage
18 Kapelle St. Gertrud auf der Blumlage
19 Hospital St. Annen in den Fischern
20 Marienkapelle auf dem Liebfrauenberge

Die Celler Schlosskapelle, eines
der bedeutendsten Kunstwerke
norddeutscher Renaissance

berei, die Hofkrambude, die Schreiberei, die Münzmeisterwohnung, das Brauhaus und der Kutschstall aneinander. An der Südseite folgten weitere Stallungen, der Reitstall und das Reithaus. Heute sind davon noch das Landschaftsgebäude und das Reithaus erhalten.

③ Die Stechbahn

Die heutige Stechbahn war ursprünglich in einen städtischen und einen herrschaftlichen Bereich geteilt. Der städtische Bereich hieß lange Kirchenstraße, bis im 17. Jahrhundert der Name Stechbahn für den gesamten Bereich gebräuchlich wurde. Ein Zusammenhang mit dem anlässlich der Hochzeit von Herzog Christian Ludwig und Dorothea von Dänemark auf diesem Platz ausgetragenen barocken Turnier ist zu vermuten. Möglicherweise ist die Stechbahn auch der Austragungsort der Turniere Herzog Heinrichs des Mittleren, die in seinem Turnierbuch überliefert sind. Es befanden sich zwei zur Vorburg gehörende herrschaftliche Gebäude auf der Stechbahn: die 1682 erbaute Hofkrambude, in der der Hofstaat diverse Luxusartikel kaufen konnte, und die Steckeltürme, die vielleicht als Tribüne für die Turniere dienten. Beide Gebäude wurden 1885 abgebrochen, um Platz für den Neubau des Postgebäudes zu schaffen.

④ Denkmal Herzog Ernsts des Bekenners

Als der hannoversche Bildhauer Carl Domeyer 1899 ein Denkmal Luthers, umgeben von Herzog Ernst zu Braunschweig und Lüneburg und Herzogin Elisabeth von Calenberg, entwarf, entschlossen sich die städtischen Gremien, von der Seitenfigur Herzog Ernsts einen Bronzeabguss herzustellen. Am 15. Mai 1904 fand die feierliche Einweihung auf der Stechbahn statt. Bis 1918 stand die historisierende Darstellung des Fürsten an dieser Stelle. Noch in den letzten Kriegsmonaten wurde sie eingeschmolzen.

Der Sockel, auf den 1921 ein Porträtmedaillon des Herzogs gesetzt wurde, blieb bestehen. In erster Linie sollte an die durch Herzog Ernst im Zuge der Reformation veranlasste Stadterweite-

rung erinnert werden, die Celle zu neuem Wohlstand verholfen hatte. In den 1930er Jahren verschwand das Denkmal. Die Stechbahn diente nun häufig als Aufmarschplatz.

Erst 50 Jahre später setzte sich eine Bürgerinitiative für eine Nachbildung des Denkmals von 1904 ein. In einem beschränkten künstlerischen Wettbewerb entschied sich das Preisgericht für den zeitgemäßen Vorschlag – eine Büste des Herzogs auf einer Stele in Form einer Schriftrolle – des Künstlers Waldemar Otto. Am Reformationstag 1992 wurde das Kunstwerk der Öffentlichkeit übergeben.

⑤ Die Stadtkirche St. Marien

Die Geschichte der Stadtkirche reicht bis in die Zeit der Stadtgründung 1292 zurück. 1308 wurde die ursprünglich rein gotische dreischiffige Hallenkirche der Jungfrau Maria »unserer lewen frowe« geweiht. Sie wurde auf dem höchsten Punkt der Stadtanlage in west-östlicher Richtung erbaut und repräsentierte zwischen Rathaus und Residenzschloss die Macht der Geistlichkeit.

Das Langhaus entstand im 14. Jahrhunderts in mehreren Bauphasen, was heute an der unterschiedlichen Größe der fünf Joche zu sehen ist. Im Zuge der Reformation verloren die bis zu 17 Nebenaltäre ihre Bedeutung und wurden auf einen Hauptaltar reduziert. Für die gewachsene Gemeinde schafften die eingebauten Emporen Platz. Die Herzöge zu Braunschweig und Lüneburg statteten den Hohen Chor mit prachtvollen Epitaphen aus, nachdem Herzog Wilhelm der Jüngere um 1576 die Fürstengruft als Familiengrablege eingerichtet hatte. Das älteste Ausstattungsstück ist heute die aus der Zeit um 1500 stammende Kreuzigungsgruppe unter dem Triumphbogen.

Die bis 1909 turmlose Stadtkirche St. Marien. Der Bordstein zeigt die ursprüngliche Begrenzung des Kirchengrundstücks bzw. des ehemaligen Friedhofsgrundstücks

◄ Die Büste von Herzog Ernst der Bekenner auf einer Stele in Form einer Schriftrolle, entworfen von Waldemar Otto

Der Italiener Tornielli stattete im Zuge der Barockisierung von 1676 bis 1681 den gesamten Kircheninnenraum mit kunstvollem Stuckwerk aus. In dieser Zeit sollte ein neuer Kirchturm errichtet werden, denn der 1471 erstmals erwähnte war schon 1502 baufällig geworden. Der heutige Turm kam erst 1913 zur Ausführung.

⑥ Friedhof

Für die Celler Stadtkirche sind aus vorreformatorischer Zeit kaum Aussagen über Namen und Anzahl der Bestatteten im Kircheninnern zu treffen, obwohl sicher ist, dass sie seit ihrer Gründung um 1300 als Bestattungsraum diente.

Für die Christen im Mittelalter war es erstrebenswert, in der Nähe einer Reliquie begraben zu sein. Dies blieb in späterer Zeit bis ins 18. Jahrhundert käufliches Privileg für Standespersonen. An der Außenmauer der Kirche wurden Erbbegräbnisse in Grüften erbaut. Auf dem Grundstück um die Kirche befand sich der Bürgerfriedhof, der von einer Friedhofsmauer mit vier Eingängen eingefasst war.

In Zusammenhang mit der Reformation war es in Celle aus hygienischen und Platzgründen zur Verlagerung des Friedhofs vor das Hehlentor gekommen. Die bis dahin selbständige Marienkapelle auf dem Liebfrauenberge vor dem Hehlentor erhielt ihre Funktion als Friedhofskapelle der Stadtkirchengemeinde, und der erstmals 1451 erwähnte dort angelegte Friedhof wurde zum Bürgerfriedhof der Stadt umfunktioniert. Die letzte Beerdigung auf dem innerstädtischen Friedhof fand 1719 statt. Die Friedhofsmauer wurde 1827 abgerissen.

Bei der großen Kirchenrenovierung 1834 räumte man alle Grüfte im Innenraum aus hygienischen Gründen aus und befüllte sie mit Sand. Zur Begradigung des Fußbodens wurden alle Abdeckplatten der Gräber entfernt. Ein besonders schönes Beispiel blieb erhalten: die Gruftplatte des Henri Desmier, Halbbruder der Eléonore d'Olbreuse, die sich heute im Raum der Stille befindet.

▶
Urkunde vom 29. Oktober 1463, mit der der Weihbischof von Hildesheim die Schwestern der Dritten Regel des Heiligen Franziskus in ihr neues Haus einsetzt und Bestimmungen für ihre Lebensführung erlässt

▼
Die Statuten des Kalands. Eine mittelalterliche Handschrift im Stadtarchiv Celle

⑦ Das Beginenhaus

Die Beginen schlossen sich seit dem 13. Jahrhundert in Flandern ungeachtet ihres Standes zu geistlichen Gemeinschaften zusammen, verzichteten auf Besitz und wirkten mildtätig. Vermutlich durch Handelsbeziehungen breiteten sie sich auch in anderen Gegenden aus. Mindestens seit dem 15. Jahrhundert waren sie auch in Celle ansässig.

Seit dieser Zeit stand den Celler Frauen auch die Möglichkeit offen, ein Leben in der Gemeinschaft der »Süstern« zu verbringen. Die Ansiedlung der Franziskaner in der Stadt Celle hatte offensichtlich eine Bekehrungswelle verursacht und viele Frauen folgten der Lehre der Brüder. 1463 erhielten die »Schwestern von der Dritten Regel des Hl. Franziskus« ein neues Haus und Regeln für ihre Lebensführung.

1467 vereinte Herzog Friedrich der Fromme die Süstern mit den Beginen in einem neuen Haus. Eine Urkunde aus dem Jahr 1482 beschreibt die Lage des alten Beginenhauses gegenüber der Lateinschule (Kalandgasse) und das neue bei der »Schreiberei« an der Kanzleistraße.

⑧ Das Kalandhaus

Unter den geistlichen Brüderschaften nimmt die Kalandbrüderschaft eine besondere Stellung ein. Das Wort *Kaland* leitet sich vom lateinischen *calendae* ab, bezeichnet den ersten Tag eines Monats und bezieht sich auf den Brauch der Mitglieder eines Kalands, sich regelmäßig an diesem Tag zu treffen. Der Kaland umfasste Angehörige aller Stände: Geistliche und Laien, Fürsten, Ritter und Bürger und war in ganz Niedersachsen weit verbreitet. Für die Celler Bürger war der Kaland, der noch in die Zeit vor der Stadtverlegung 1292 zurückgeht, neben der Stadtkirche von großer Bedeutung. Zweck des Kalands war das gemeinschaftliche Gebet an gestifteten Altären und die gemeinsame Verrichtung wohltätiger Werke an Armen und Kranken. Außerdem gedachte der Kaland gemeinschaftlich seiner verstorbenen Mitglieder. Die Feierlichkeiten begannen in der Kir-

che mit der Abhaltung der Vigilien und Seelenmessen und endeten mit einem gemeinsamen Mahl.

Ältere Forschungen verorten das Celler Kalandhaus an die Stelle des heute an der Kalandgasse liegenden Seitenflügels des Landschaftshauses. Eine endgültige Klärung des Standortes dürfte nur durch archäologische Forschungen erlangt werden.

⑨ Lateinschule

Die Lateinschule wurde erstmals 1365 erwähnt und lag in dieser Zeit auf dem Grundstück An der Stadtkirche 6. Nachdem Herzogin Anna in diesem Haus für die Beginen und Franziskanessen eine Küche eingerichtet hatte, verlegte sie das Schulgebäude vermutlich an die Stechbahn. Noch heute befindet sich am Hinterhaus Stechbahn 6 die Inschrift »Musaeo Adjectum«. Von dort kam die Schule bis zum Jahr 1527 an das Ende der Neuen Straße und dann wieder an ihren ursprünglichen Ort an die Kalandgasse. Hier wurde dann von 1601 bis 1603 das neue, heute noch erhaltene Schulgebäude errichtet. Der kleine, vor dem Haus liegende Schulhof war durch eine Mauer von der Straße abgetrennt.

An der Mauer befand sich das Wappen, das heute an der Ostseite des Rathauses angebracht ist: »Der Stadt Zelle Wapen«.

Hausinschriften weisen auf die Funktion als Schulgebäude hin. An der Obergeschossschwelle wird aus Kolosser 3,16 f. zitiert: »Lehrt und ermahnt einander mit Psalmen, Lobgesängen und geistlichen Liedern, und was ihr tut mit Worten und Werken, das tut alles im Namen des Herrn Jesu«.

1843 erhielt das Gymnasium einen Neubau am Westceller Tor – das Gebäude der heutigen Stadtbibliothek – und später an der Magnusstraße.

⑩ Das Rathaus

Das Rathaus gehört zu den ältesten Gebäuden der Stadt und bestand vermutlich schon zur Zeit der Stadtgründung. Erwähnt wird es erstmals im Zusammenhang mit dem Privileg, im Keller des Rathauses fremden Wein und fremdes Bier auszuschenken. Das Gebäude besteht aus zwei Teilen, dem nach Norden gelegenen alten Rathaus und dem 1580/81 entstandenen neuen Rathaus, auch Hochzeitshaus genannt.

Das Celler Rathaus, dessen älteste Gebäudeteile noch aus der Zeit der Stadtgründung stammen

Im alten Rathaus sind vermutlich Bauteile aus der Zeit der Stadtgründung verborgen. Die Zusammenlegung des ältesten Gebäudes und zweier Nachbarhäuser erfolgte im 14. Jahrhundert wegen des erwähnten Kellerprivilegs. Infolge der Reformation kam durch Ansiedlung von verschiedenen Behörden eine große Anzahl von Menschen nach Celle. Zur Stadtvergrößerung, und um der Bedeutung Celles als Residenzstadt auch Ausdruck zu verleihen, wurde das alte Rathaus äußerlich umgestaltet und 1579 der Weserrenaissancegiebel errichtet. Das neue, um 1580 errichtete Rathaus diente nicht nur als Gesellschaftshaus, sondern auch als Tuchhalle. Hier hatte man ebenfalls drei benachbarte Häuser zusammengelegt.

Die heute wieder sichtbare Illusionsmalerei am alten Rathaus stammt aus dem Jahr 1697 und ist von großer kunst- und kulturgeschichtlicher Bedeutung.

Das Hoppenerhaus war eines der prächtigsten Häuser auf dem Gelände der Stadterweiterung von 1530

⑪ Stadterweiterung unter Herzog Ernst dem Bekenner

Die Einführung der Reformation ab 1526 und der Ausbau der Burg seit 1530 unter Herzog Ernst dem Bekenner führten zu einer Vergrößerung des Hofstaats und der Stadtbevölkerung. Dies erforderte Bauplätze für die neue Bevölkerung. Das Terrain umfasste an der südlichen Befestigung (heute Mauernstraße) unter Einbeziehung der ältesten Vorstadt Celles die Blumlage (»de olde Blumenlaghe«) mit ihren Straßenzügen Bergstraße (ursprünglich Blomenstrate) und dem Großen Plan. Diese Vorstadt hatte schon von alters her eine enge Verbindung zur Stadt Celle: Der Magistrat übte die Gerichtsbarkeit aus. Celles Stadtchronist Clemens Cassel hat Hinweise ermittelt, dass in diesem Bereich auch viele Bürger lebten, die aus nicht bekannten Gründen ihren Wohnsitz in der Stadt Celle mit dem in »der olden Wyk« vertauschten, aber weiterhin ihre bürgerlichen Pflichten und Rechte hatten. Jedenfalls war es den Bewohnern der alten Blumlage auch erlaubt, an der Allerschifffahrt teilzunehmen und die Stadtweide zu benutzen.

⑫ Das Hoppenerhaus

Das Hoppenerhaus zählt zu den schönsten und ältesten Fachwerkhäusern der Stadt Celle. Das 1532 für den herzoglichen Amtsschreiber und Rentmeister Simon Hoppener im Renaissancestil errichtete Fachwerkhaus wird in engem künstlerischen Zusammenhang mit dem Gildehaus in Braunschweig, dem Knochenhaueramtshaus und dem sogenannten Brusttuch in Goslar gesehen und dem Meister Simon Stappen zugeschrieben. Auf dem Hoppenerhaus sind Planeten unseres Sonnensystems abgebildet und es zählt deshalb zu den Planetenhäusern. Allerdings zeigt es keinen vollen Planetenfries, wie wir ihn aus anderen Städten kennen, sondern nur einzelne Planetengötter, wie Merkur, Diana und die Venus mit der Erdkugel.

1530 war der Baugrund des Hauses durch die Stadterweiterung Herzog Ernsts des Bekenners zum Stadtgebiet gekommen; vorher stand hier das Westceller Tor. Genau gegenüber erbaute sich der damalige Bürgermeister Lüdeke van Sehnden ein ähnlich repräsentatives Haus, das allerdings 1844 abbrannte.

1901 bekam das Hoppenerhaus durch den Kunstmaler Wilhelm Kricheldorff wieder seine ursprüngliche farbige Fassung der Schnitzereien. Er schuf

auch das Porträt Herzog Ernsts des Bekenners an der Fassade.

1932 brannte das Haus vom Dach bis
zur Decke des Ersten Obergeschosses
vollständig aus. Durch das schnelle Ein-
greifen der Celler Feuerwehr blieben die
wertvollen Schnitzereien erhalten, und
das Haus gehört heute zu den ältesten
erhaltenen bürgerlichen Fachwerkhäusern Deutschlands im Renaissancestil.

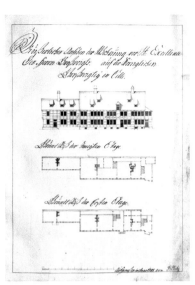

⑬ Bergstraße 1A und 1B – das geteilte Haus

Auf diesem Grundstück erbaute Herzog
Ernst der Bekenner 1530 ein Haus für den ersten
Superintendenten seines Fürstentums Lüneburg, Urbanus Rhegius. Lange Zeit hatte man angenommen,
dass die beiden Flügel Seitenflügel dieses abgerisse-
nen Hauses seien. Das sogenannte geteilte Haus
entstand erst 1705 als Toreinfahrt für das Haus
Mauernstraße 50. Die Setzschwelle dieses alten
Hauses fand bei der Errichtung der »halben Häuser«
wieder Verwendung. Die Verzierung der Balken mit
gotischen Treppenfriesen und den Schnitzwerken
zeigt verschiedene Motive wie Blumen und Figuren.
Auf dem linken Balken sind ein Efeublatt, ein Flöte
blasender Narr, eine Vase mit Blumen sowie ein
Bürger und auf dem rechten Flügel eine Pflanze, ein
Bürger, eine betende Frau, die sogenannte Begine,
und eine Vase mit Blumen zu sehen. Diese Schmuck-
elemente verweisen in die Zeit um 1530. In unmittelbarer Nähe auf dem Eckgrundstück Bergstraße /
Poststraße hatte Herzog Ernst dem ehemaligen
Propst des Klosters Wienhausen, Heinrich von
Cramm, wegen seiner Verdienste um die Reformation ein Grundstück geschenkt. Später entstand
hier das angesehene Hotel Hannover und nach dessen Abbruch 1927 das Kaufhaus Karstadt.

⑭ Kloster Am Heiligen Kreuz

Bevor Friedrich der Fromme das Franziskanerklos-
ter im Bereich der Stadt Celle stiftete, hatte er be-
reits vor den Toren der Stadt, und zwar neben der
Kapelle auf dem Liebfrauenberge, mit dem Bau eines
Klosters begonnen. 1453 wurde es mit päpstlicher
Erlaubnis in die Stadt Celle verlegt.

Das Kloster entstand wie auch in anderen niedersächsischen Städten im Randbereich des Stadt-
gebietes an der Stadtbefestigung Am Heiligen

Kreuz. Der Friedhof des Klosters war durch eine
Mauer begrenzt.

Wenige Hinweise sind noch vorhanden, die Rück-
schlüsse auf die Gebäude des Klosters zulassen:
1454 erhielten die Mönche die Erlaubnis zum Bau
einer Langkammer mit Gewölbe. Diese war mit
einem Turm versehen, der von außen über eine
Steintreppe, einen »windelstein«, besteigbar war.
Die Gebäude des Klosters wurden während der Reformation zerstört und abgetragen und die Steine
für den Ausbau der Stadtbefestigung benutzt.

⑮ Die Nienburg – Alterssitz von Herzogin Anna

Herzoginwitwe Anna von Nassau erbaute sich ihren Witwensitz, die Nienburg, auf drei Hausgrund-
stücken neben dem Kloster Am Heiligen Kreuz mit
Blickachse zum Celler Schloss.

Weniges über die Einrichtung des Hauses ist
bekannt. Es gab große und kleine beheizbare Wohn-
räume, eine Kammer für die Herzogin, für die Jung-
frauen sowie für den Kapellan, später auch für die
älteste Enkelin Elisabeth. Die Kamine in den Zim-
mern waren mit Bildhauerarbeiten und die Kachel-
öfen in den Schlafkammern mit glasierten Kacheln
in Flachornamentik verziert. 1510 errichtete Herzogin Anna ein kleines Haus für ihren Leibarzt. Von
Anfang an gab es eine Mädchenkammer, eine Kran-
kenkammer und eine Badestube. Das Gesinde schlief
in einem separaten Schlafhaus. Im Wirtschaftstrakt
waren die verschiedenen Räumlichkeiten zur Haus-
haltsführung untergebracht. Eine Mauer schützte
das Anwesen vor Eindringlingen. Die Nienburg
muss ein imposantes Gebäude gewesen sein, dessen
Giebel zur Straße lag und dessen vorspringende

links: Im Volksmund
das »geteilte Haus«
genannt. Es handelt
sich dabei um zwei
Gebäudeflügel,
die die Einfahrt des
Postgebäudes an
der Mauernstraße
säumten

rechts: Vermutlich
handelt es sich bei
dieser Zeichnung
noch um die Gebäude-
teile aus der Zeit
von Herzogin Anna,
später als Großvogtei
benutzt, gezeichnet
von Johann Gottfried
Pfister 1748

Stockwerke mit Malereien und Vergoldungen verziert waren. Die Fenster des Hauses waren zum Teil mit farbigen Wappen und Bildern verglast.

Nach dem Tod der Herzogin 1514 hatte der Großvogt bis 1705 dort seinen Sitz. 1748 hielt Johann Gottfried Pfister den Zustand der Gebäude in seinen Plänen fest. Bis 1772 nutzten die Großvögte die Gebäude noch bei gelegentlichen Aufenthalten in Celle. 1783 erwarb der Magistrat das Anwesen und richtete ein Arbeitshaus ein. Es brannte 1827 ab und wurde auf vergrößertem Grundstück neu erbaut.

⑯ Stadtbefestigung

Die militärische Situation und die militärtechnischen Entwicklungen erforderten den Ausbau zur »vesten Stadt«. Die Hildesheimer Stiftsfehde wirkte sich bedrohlich auf das Land aus und auch die Auseinandersetzungen mit Herzog Heinrich von Braunschweig, der das Luthertum bekämpfte, erforderten die Verstärkung der Stadtbefestigung. Schon Herzog Heinrich der Mittlere hatte kurz nach dem Jahrhundertwechsel damit begonnen. 1523 ordnete Herzog Ernst zu Braunschweig und Lüneburg den Festungsausbau per Erlass an. 1540 finden wir einen ersten Hinweis in einer Urkunde, mit der Lüdecke van Sehnden ein Grundstück vor dem Hehlentor als Ersatz für seinen Garten auf dem Gelände der Stadtbefestigung zugewiesen wird. Reste der Stadtmauer befinden sich heute Am Kleinen Plan im Fenster des Tapetenmuseums Stumpf und am Nordwall an der hinteren Außenmauer des Schützenmuseums.

⑰ Siechenhaus St. Georg auf der Blumlage

1392 erlaubt Bischof Gerhard von Hildesheim dem Celler Rat außerhalb der Stadt Celle ein Hospital mit einer Kapelle anzulegen. Diese Einrichtung, das St.-Georgs-Hospital, sollte sich vor dem Blumläger Tor um Arme und Gebrechliche kümmern. 1511 wird ein weiterer Zweck genannt, und zwar als Anstalt für Aussätzige (Leprosorium). Der günstige Standort an dem wichtigen Handelsweg nach Braunschweig brachte finanzielle Vorteile für die Einrichtung, denn zum großen Teil unterhielt sich das Hospital von den milden Gaben, die die Passanten in die Sammelbüchsen legten. Die Heiliggeist-Kapelle des Hospitals wird 1404 erstmals erwähnt als Anno von Kampe ihr Einkünfte vermachte. Von 1656 bis 1658 wurde die Kapelle des Hospitals zur Kirche umgebaut und dient seither als Gemeindekirche der Blumlage. Vom Hospital St. Georg hat sich heute nur ein Relief erhalten, das St. Georg zu Pferde im Kampf mit dem Drachen zeigt.

⑱ Kapelle St. Gertrud auf der Blumlage

Ein Bildnis dieser Kapelle auf der Blumlage hat sich nicht erhalten. Ihre Lage finden wir auf einem alten Stadtplan dargestellt: mitten auf der Blumlage, etwa in der Höhe der heutigen Blumläger Schule. Gegründet und ausgestattet wurde die Kapelle durch Herzog Friedrich den Frommen im Jahr 1464. Die Kapelle war aber schon in Gebrauch, denn ein Jahr zuvor hatte der Herzog dem Kapellenvorsteher die Ausrichtung einer Memorie für seinen Beamten Johann Müden übertragen. Neben der namengebenden heiligen Gertrud war die Kapelle Jakobus dem Älteren, Philippus-Jakobus, Vitus, Hieronymus, Thomas von Canterbury, Matthäus, Antonius, Bernward, Katharina, Barbara, der Mutter Jesu,

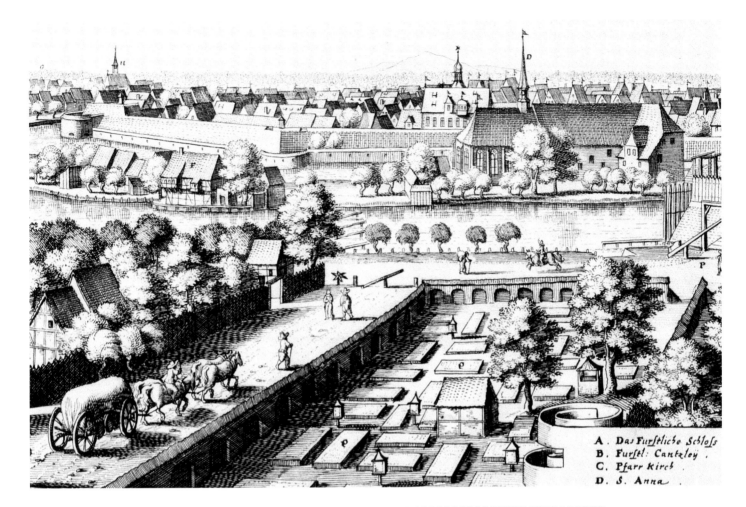

A. Das Fürstliche Schloß.
B. Fürstl. Cantzley.
C. Pfarr Kirch.
D. S. Anna.

allen Heiligen Gottes und allen heiligen Engeln geweiht. Der Kapellenvorsteher hielt drei Mal in der Woche eine Messe, und zwar am Sonntag, am Mittwoch und am Freitag. Um die Kirche herum befand sich ein Friedhof. Noch heute stößt man bei Erdarbeiten immer wieder auf menschliche Knochen. Die Einkünfte aus zwei Heiligenblöcken dienten der Bauunterhaltung des Gebäudes.

⑲ Hospital St. Annen in den Fischern

1461 stiftete Lüder Wose an der Allerbrücke in den Fischern ein Krankenhaus und daneben eine Pilgerherberge. Daraus entstand 1495, vermutlich aufgrund der damals in Celle grassierenden Pest, das durch Herzogin Anna von Nassau gestiftete St.-Annen-Hospital. Die Herzogin ließ die beiden alten Kapellen niederreißen und errichtete bei den Gebäuden des Hospitals eine neue Kapelle. Der Hauptaltar war der heiligen Anna und der Nebenaltar der heiligen Elisabeth geweiht.

Das St.-Annen-Hospital wurde 1757 ein Raub der Flammen, an der Blumlage wieder errichtet und 1980 endgültig abgerissen. Heute findet sich dort noch das 1905 gegründete Schulzestift, dessen Gebäude von dem bekannten Architekten des Neuen Bauens Otto Haesler entworfen wurde.

⑳ Marienkapelle auf dem Liebfrauenberge

In städtischen Urkunden werden die Marienkapelle vor dem Hehlentor und die Kapelle St. Mariae am Berge genannt. Es ist nicht eindeutig, ob sie identisch sind. Kurz nach seinem Regierungsantritt stiftete Herzog Friedrich gemeinsam mit seinem Bruder 1439 eine Kapelle auf dem Liebfrauenberge (heute Alter Bürgerfriedhof). Sie gehörte zum Sprengel des Bischofs von Minden und war der heiligen Jungfrau, der Mutter Gottes, dem heiligen Johann, Johann dem Evangelisten, dem heiligen Jakob, dem heiligen Nikolaus, der heiligen Apollonia, allen Heiligen und allen Engeln geweiht. Nach der Reformation diente sie als Leichenhalle und wurde 1665 wegen Baufälligkeit abgerissen.   •

Ausschnitt aus dem Kupferstich von Conrad Bruno, der die Residenzstadt Celle im Jahr 1654 zeigt. Am rechten Bildrand sieht man sehr deutlich das St. Annen Hospital mit der Kapelle. Der untere Bildteil zeigt den ab 1530 vor dem Hehlentor angelegten Bürgerfriedhof und möglichweise am linken Bildrand die St. Marien Kapelle

▶ SABINE MAEHNERT
   ist Leiterin des Stadtarchivs in Celle.

In der Fachwerk-Altstadt

—

VON INGO VORMANN

Geht es Ihnen auch so? Wenn man eine Stadt kennen lernen will, schließt man sich am besten einem Stadtrundgang unter kundiger Führung an. So erfährt man in einer überschaubaren Zeit das Wesentliche. Ich habe dabei aber manchmal das Problem, dass mich Dinge faszinieren, die nur kurz gestreift werden, bevor es weitergeht. Wie gerne wäre ich jetzt noch fünf Minuten länger hier – die Gruppe wartet aber nicht. Also weiter zum nächsten Punkt – den hingegen hätte ich mir persönlich lieber geschenkt, das interessiert mich nun weniger. Deshalb habe ich mir gedacht, ich erzähle Ihnen erst einmal ein paar wissenswerte Dinge über die Fachwerk-Altstadt. Danach, so schlage ich vor, erklimmen Sie auf eigene Faust die 235 Stufen des Kirchturms der Stadtkirche St. Marien und verschaffen sich im wahrsten Sinne einen Überblick über unsere schöne Stadt. Und dann können Sie mit meinen Hinweisen in Ihrem Tempo und nach Ihrem Gusto die Stadt erkunden. Wenn Sie zur richtigen Zeit unterwegs sind, können Sie den Turmbläser der Stadtkirche hören, der täglich um 16.45 Uhr einen Choral in alle vier Himmelsrichtungen bläst, zusätzlich auch sonntags um 09.45 Uhr. Über Beifall oder ein Winken freut er sich. Ein Letztes: Einen Stadtplan gibt es kostenlos in der Tourist-Information im Alten Rathaus, gleich neben der Kirche oder im Internet. Und nun geht's los!

Stadtgrundriss und Dachlandschaft

Celles Hauptattraktion ist seine malerische Fachwerk-Altstadt, die den letzten Krieg unzerstört überlebt hat. Auf rund 500 Grundstücken geben etwa 670 Fachwerkhäuser – davon ein Drittel kaum bekannte Hintergebäude – der Stadt ihren Charme und prägen ihr Erscheinungsbild. Das Celler Schloss, die Stadtkirche und das Alte Rathaus als Massivgebäude sind die drei ältesten Celler Bauten, deren Ursprünge in die Zeit der Stadtgründung 1292 zurückreichen. Die ältesten erhaltenen Fachwerkhäuser datieren bis in das späte 15. Jahrhundert zurück. So wird das Haus Neue Straße 32 auf etwa 1480 geschätzt. Das mit 1522 älteste mit einer Inschrift datierte Haus steht Am Heiligen Kreuz 26. Der Großteil der Häuser wurde im 17. Jahrhundert neu gebaut oder barock modernisiert, also während der Blütezeit der Celler Residenz. Aber auch in der Folgezeit war Fachwerk die bevorzugte Konstruktionsweise in der Innenstadt. Das für Deutschland so Einmalige an der Celler Altstadt ist ihr unveränderter, unzerstörter geschlossener Erhaltungsgrad.

Die Celler Altstadt wurde mit der Stadtgründung östlich vom Schloss planmäßig angelegt, was sich bis heute gut an dem gleichmäßigen Stadtgrundriss mit seiner systematischen Straßenstruktur ablesen lässt. In West-Ost-Richtung verlaufen

◄ **Seite 22**
Oldtimer und Fach-
werk, Großer Plan

►
Über den Dächern
von Celle

parallel zueinander die Hauptachsen Kanzleistra-
ße/Schuhstraße (im Norden), Neue Straße, Stech-
bahn/Zöllnerstraße, Mauernstraße und Großer
Plan/Bergstraße (im Süden). In Nord-Süd-Richtung
werden diese Straßen im Westen gekreuzt vom
Schlossplatz (der ehemaligen Vorburg), in der Mitte von der
Linie Hehlentorstrasse/Am Markt/Poststraße und im Osten
von Am Heiligen Kreuz/Kleiner Plan. Dazu kommen die
kleinen Nord-Süd-Quergassen Rabengasse, Piltzergasse oder
Prinzengasse.

Diese Struktur ergibt das Raster der Celler Baublockauftei-
lung. In diese Blöcke fügt sich wiederum die für Celle und seine
Altstadt typische kleinteilige Parzellenstruktur mit der vor-
herrschenden Giebelständigkeit der Häuser ein, bestens abzu-
lesen vom Kirchturm aus an der geschlossenen Celler Dach-
landschaft. Sie beeindruckt zusätzlich mit ihren schmucken
barocken Giebelknäufen und Wetterfahnen. Störend wie ein
Fremdkörper wirken allerdings ein paar große moderne Bau-
körper und Flachdächer der jüngeren Zeit.

Wenn man nun entlang den Häuserfronten spaziert, lohnt
es sich unbedingt, einmal in einige der Toreinfahrten und Höfe
zu schauen. Dann bekommt man nämlich einen Einblick in das
Innenleben der Parzellen, die aus dem Vorderhaus, dem sich
nach hinten anschließenden Seitenflügel sowie weiteren Rück-
gebäuden um einen Innenhof (früher meistens Wirtschaftshof) bestehen. Die älteren Häuser mit zum Hof führender
Durchfahrt zeugen noch heute vom Wirken der Handwerker
und Kaufleute. Immer wieder sieht man oben an den Giebeln
der Häuser auch Stauluken und Kranbalken, die auf die frühere
wirtschaftliche Nutzung der Lagerböden hinweisen.

Fachwerk

In Deutschland gibt es noch ca. zwei Millionen Fachwerkhäuser,
die meisten davon verputzt oder verkleidet. Die Fachwerkbau-
weise war bis ins 19. Jahrhundert in Gegenden mit genügend
Holzvorkommen und knappen Steinbrüchen vorherrschend.
Sie ist ein lange tradierter Skelettbau aus Holzbalken mit senk-
rechten Ständern und waagerechten Schwellen (unten) und
Rähmhölzern (oben), bei dem die Wände mit schräggestellten
Streben und waagerechten Riegelbalken stabilisiert werden.
Die Zwischenräume, Gefache genannt, werden mit Lehm-

Strohgemisch und Weidengeflecht oder Mauerwerk ausgefüllt.
Als Bauhölzer wurden bei uns im Wesentlichen die heimische
Eiche, aber auch Fichte und Tanne verwendet. Im Sandboden
der Heide wuchsen die Eichen sehr langsam und waren deshalb
besonders hart. Alle Materialien für den Fachwerkbau waren
in der Umgebung von der Natur gegeben.

Die Celler Fachwerkbauten sind in Stockwerkbauweise ge-
zimmert, d.h. jedes Stockwerk wurde einzeln errichtet und auf-
einander gesetzt. Die Stockwerke können bis zu jeweils 60 cm
weit über das darunter liegende Geschoss hervorkragen, was
nicht nur zusätzlichen Regenschutz für die darunterliegende
Wand bedeutet, sondern auch zu Raumgewinn in der Höhe
führt. Diese Vorkragungen mit ihren verzierten Deckenbalken-
zonen verleihen den Fassaden große Ausdruckskraft, die noch
durch die geschnitzte farbige Ornamentik und die Inschriften
verstärkt wird. Eine Augenweide sind vor allem die mächtigen,
mit farbigen Schnitzelementen geschmückten waagerechten
Schwellen. Über die Jahrhunderte haben sich in Celle verschiedene Zierformen entwickelt, beginnend mit dem Treppenfries,
über den Laub- und Rankenstab zum Zickzackfries und Dia-
mantband. Wenn die Wände mit Ziegeln ausgefacht wurden,
hat man bisweilen auch damit schmückende Muster erstellt.
Vor allem von den weniger oft modernisierten Innenhöfen aus
ergibt sich mancher Blick auf erhaltene Beispiele dieser besonderen Form von Zierrat.

Ornamentik und Pracht der Fachwerkhäuser lassen mit der
Zeit nach und werden immer einfacher – das lässt sich besonders gut ablesen an den vier nebeneinanderliegenden Häusern
Poststraße Nr. 8 (1532), Nr. 7 (1649), Nr. 6 (1701) und Nr. 5 (1800).
Schließlich ging man mit der Mode und verpasste den Fach-
werkfassaden in Anlehnung an die steinernen Barockpalais
des späten 18. Jahrhunderts steinähnlich wirkende einfarbige
Anstriche. Neubauten des 19. Jahrhunderts mit klassizistischen
Fassaden weisen keine Vorkragungen mehr auf und waren als
geschlämmte oder Putzfassaden konzipiert. Kurz nach 1900
wurde mit dem Heimatstil auch das ältere farbige Fachwerk
wiederentdeckt und stolz freigelegt.

▶ Hausinschrift:
WER SEIN VERTRAWEN
SETZET AUF GOT
DER VORLEST KEINEN
IN DER NOTH

▼ Hausinschrift:
WOL GODT VORTRUWET
DER HAT WOL GEBUWET.
GODT ALLEIN DIE EHRE

Stadtbildpflege

An mehreren Stellen in Celle wird mit Fachwerk geschummelt. Das geschieht mit gutem Grund, denn die Celler Stadtbildpflege und ihre Gestaltungssatzung sehen seit den 1970er-Jahren die bewusste Pflege und Tradition des einheitlichen Fachwerkstadtbildes vor. So stehen wir mitunter vor einer Fachwerkfassade, hinter der sich aber eine Stahlbetonkonstruktion verbirgt, die dem Geschäft – und darum handelt es sich ausschließlich – im Inneren großzügige Verkaufsflächen gestattet. Ein Beispiel ist C&A Am Heiligen Kreuz 10, ein anderes H&M Zöllnerstraße 31 oder Müller Drogerie Zöllnerstraße 44–46 und auch die Drogerie Rossmann in der Westcellertorstraße 17/18. Alle diese Neubauten haben eines gemein: Sie versuchen, sich bescheiden äußerlich in die vorherrschende Parzellenstruktur und die Umgebung einzufügen, sie wollen sich der historischen Fachwerkbauweise unterordnen und das Gesamtbild des Stadtensembles nicht stören.

Auch nach dem Krieg wurde in Celle noch in echtem Fachwerk zu Wohnzwecken weitergebaut. Der jüngste Fachwerkneubau stammt aus den Jahren 1999/2000, das ist die Citypension in der Schuhstraße 41. Auch hieran kann man den festen Willen einiger Bürger ablesen, sich auch mit einem Neubau in die vorgegebene heimatliche Fachwerkumgebung einzuordnen.

Hausinschriften

Nun dürfen Sie einmal hochnäsig sein – der Blick geht nach oben, wir reden über die Hausinschriften in Celle. Man kann einen ganzen Tag in der Celler Altstadt verbringen, indem man nur die Inschriften studiert. Sie sind Ausdruck des ehemaligen Besitzerstolzes und tragen ganz erheblich zum Schmuck der Häuser sowie zur zeitlichen Datierung bei. Darüber hinaus nennen sie uns manchmal die Erbauer oder auch die Erneuerer, sie sind meist auf Platt geschrieben, aber auch auf Hochdeutsch und manchmal in Latein. Auffallend sind die vielen Psalmen und Bibelsprüche,

die von einer tiefen Gläubigkeit ihrer Besitzer zeugen. Das Haus Am Heiligen Kreuz 29 von 1598 ist das älteste, das die in Celle am häufigsten verwendete Inschrift »WER GODT VORTRWET HEFFT WOLL GEBWET« zeigt. Die Inschriften lassen uns manchmal lachen, manchmal machen sie uns auch nachdenklich. Wie die Inschrift des Hauses Poststraße 7 »DAS DIESES HAVS AVS NOTH VND NICHT AUS LUST GEBAVET WEIS DER SO VORIGES HATT JEMALS ANGESCHAWETT. ANNO 1649.« War der Erbauer ein Heimatvertriebener nach dem 30-jährigen Krieg? Oder das Opfer eines Brandes? Ganz besonders bibelfest und sehtüchtig muss sein, wer vor der Schuhstraße 7 steht und hoch oben unter der Ladeluke mit der Zahl 1648 liest »D:S:D:H:M:R:O:A:M« und darunter »I:G:F:V:W:K:W:V:S«. Auflösung gefällig? Der Segen des Herrn macht reich ohne alle Mühe (Sprüche Salomons, 10,22: wobei das »A« eine Celler Zufügung ist) und: Ist Gott für uns, wer kann wider uns sein (Römer 8, 31). Von Witz zeugt die Inschrift in der Neuen Straße 30, die man so oder ähnlich auch noch anderswo in Celle antrifft: »GOTT GEBE DENEN DIE MICH KENNEN WAS SIE MIR GOENNEN«. Von herrlichem Humor zeugt auch mein Lieblingsspruch auf einem ziemlich neuen Balken der Seilerei Dollenberg in der Bergstraße 37: »DIE KLEINEN DIEBE HÄNGT MAN AVF : DIE GROSSEN LÄSST MAN LAVFEN : WÄR VMGEKEHRT DER WELTENLAVF : KÖNNT ICH MEHR STRICKE VERKAVFEN«.

Innenhöfe

Ein besonderer, häufig aber verborgener Schatz sind die Celler Innenhöfe, die früher nur selten als Garten der Erbauung und Erholung dienten, sondern zumeist als Wirtschaftshof. Dass die Innenhöfe als rückwärtiger Bereich der alten Fachwerkhäuser ein fester Teil des Stadtdenkmals sind, das eben nicht nur aus den Vorderfronten besteht, haben wir schon gehört. Neben dem reinen Denkmalwert haben die Innenhöfe heute aber auch viel Charme und sie sind ruhige, grüne Oasen im innerstädtischen Leben und Wohnen. So sind erhaltene, aber auch re-

Blick in die Schuhstraße

vitalisierte Innenhöfe mit Sitzplätzen für die Großen, Spielflächen für die Kinder, Freiräumen für Künstler usw. ein wichtiger Beitrag für Erholung und Lebensqualität in der Innenstadt. Die Celler Innenhöfe sind aber in Gefahr, denn sie drohen dem innerstädtischen Trend zu großflächigen Verkaufsflächen zum Opfer zu fallen. Es gilt also, den Schatz Innenhof zu verteidigen bzw. zu heben, so, wie das in den letzten Jahren in vorbildlicher Weise in der Bergstraße 12 mit dem Lädchen »Alter Provisor« gelang, wo ein Innenhof wieder zum Leben erweckt wurde.

Wie schön, lebens- und liebenswert Innenhöfe sein können, sieht man auch z. B. am kleinen Innenhof Neue Straße 35 (Zapfhahn), in der Schuhstraße 6, am Großen Plan 23 (Goldschmiede Bade) und im Innenhof Großer Plan 8 (Obendorf & Wedel Passage), wo u. a. Restauration geboten wird. Das schönste Beispiel aber ist die Zöllnerstraße 29 mit der Weinhandlung Bornhöft. Hier passen auch Architektur und Verwendungszweck immer noch zeitlos glücklich zusammen. Dazu später noch etwas mehr.

Ausspannwirtschaften

Celle hatte bis in die 1950er-Jahre um die zehn Ausspannwirtschaften, für die es heute aber nur noch ein wirklich erkennbares Beispiel gibt. Diese Ausspannwirtschaften waren ein wichtiger Warenumschlagplatz und Treffpunkt zwischen Stadt und Land. Je nach ihrer Lage in der Stadt bedienten sie die umliegenden Dörfer. Ihre Besucher waren Bauern, Botenfuhrleute und einfache Stammgäste. Ein durchschnittlicher Aus-

spann hatte Platz für 12 bis 14 Pferde in den rückwärtig liegenden Stallungen, und zum Personal gehörte natürlich ein Pferdeknecht. Die Bauern brachten ihre Produkte in die Stadt und machten dann auch selber ihre Einkäufe bei den Kaufleuten und Besuche bei Handwerkern. Die Botenfuhrleute wiederum nahmen in ihrem Dorf Waren und Bestellungen auf und fuhren nach Celle. Dort gaben sie ihre Waren beim Empfänger ab und reichten dann ihre Bestellungen an die Celler Kaufleute weiter. Die lieferten in den jeweiligen »Stammausspann« des Botenfuhrmanns ihre mit einem Empfängervermerk gekennzeichneten Waren / Bestellungen ab, der Botenfuhrmann lud am Ende des Tages alles auf und fuhr dann voll bepackt wieder in sein Heimatdorf zurück. Waren, die nicht sofort geliefert werden konnten, wurden im Ausspann eingelagert, bis der Botenfuhrmann seinen nächsten Besuch in Celle machte. Es kam auch mal vor, dass die Fuhrleute Passagiere auf ihren Wagen in die Stadt und zurück beförderten. An wenigen Stellen in Celle kann man noch eine frühere Ausspanneinfahrt entdecken, so in der Mauernstraße 22, von der aber nur noch der Rahmen mit dem eingeschnitzten Wort Utspann steht. Gleich nebenan in der Mauernstraße 18 befand sich der Ausspann »Zum goldenen Posthorn« – nichts weist heute mehr darauf hin, die große Toreinfahrt links im Haus ist verschwunden. Die einzige sehr gut erhaltene Ein- und Durchfahrt trifft man heute noch im Gasthof »Zum Blauen Engel« am Kleinen Plan 7 an, einer alten Celler Ausspannwirtschaft mit ehemals Stallungen für 20 Pferde, die z. B. Kunden aus Langlingen, Bröckel und Altencelle hatte.

Giebelknäufe
an Häusern an
der Stechbahn

Giebelschmuck und Zwischen

Zwei architektonische Besonderheiten sollen kurz erwähnt werden. Beim Blick vom Stadtkirchenturm, aber auch wenn man z.B. von der Stechbahn aus die Häuserfassade entlang sieht, fallen neben einigen Wetterfahnen vor allem die Giebelknäufe auf den Dächern auf. Hierbei handelt es sich um kugelförmige Kupferbehälter, die kunstvoll in den Celler Himmel ragen. Sie sollen angeblich feuersicher sein und deshalb wichtige Hausdokumente bergen, falls es mal zum Brand kommt.

Zwischen heißen hier in Celle die schmalen Räume zwischen den Fachwerkgiebelhäusern, die von ca. 20 bis ca. 110 cm breit und von einem hölzernen Türverschlag zur Straße hin verschlossen sind. Andernorts heißen sie auch Traufgasse, weil sie entlang der Traufseite der Häuser verlaufen. Die Zwischen haben kleine Abwasserrinnen, die Regen- und Schmutzwasser vom Hof zur Straße hin ableiten. Für den Brandfall versprach man sich außerdem eine geringere Gefahr des Feuerübergreifens. Links am Haus Schuhstraße 27 kann man sehr gut in eine alte Zwische mit ihrer Rinne schauen. Und beim Blick in die Zwische Neue Straße 33/34 lässt sich auf der rechten Seite schön die Fachwerkausfachung mit Lehm und Stroh erkennen.

Stolpersteine

Bei Ihrem Stadtbummel sollten Sie nicht nur nach oben auf die malerischen Häuserfronten mit ihren Balkeninschriften schauen. Häufig können Sie vor den Häusern im Boden einen der über 60 Stolpersteine entdecken, die seit 2004 von dem Kölner Künstler Gunter Demnig in die Bürgersteige Celles eingelassen wurden. Die Stolpersteine sind aus Messing, jeder 10 mal 10 cm groß. Man soll mit den Augen über sie stolpern, innehalten, lesen und sich an die Celler Mitbürger erinnern, die in den Jahren 1933 bis 1945 Opfer der NS-Gewaltherrschaft wurden. Hierbei handelt es sich zumeist um Menschen jüdischen Glaubens, unter den Opfern waren aber auch z.B. Kommunisten, Zeugen Jehovas, Sinti, Roma und Homosexuelle. Diese deportierten, ermordeten oder verschollenen Mitbürger haben keine Grabstelle und keinen Grabstein. In gewisser Weise übernehmen nun die Stolpersteine diese Funktion, denn sie sind Orte des Innehaltens, Nachdenkens und Erinnerns. Verlegt auf dem Bürgersteig vor dem Wohnhaus der Opfer nennen sie den Namen, das Geburtsjahr und das Verfolgungsschicksal. Die Stolpersteine erinnern also individuell an einzelne Menschen, holen sie aus der Anonymität und geben ihnen Gesicht und Gestalt. Sie sind nicht vergessen.

Glanzstücke

Ich habe meine Favoriten in Celle. Das sind die Stellen, an die ich meine Besucher führe, auch wenn sie mir sagen, sie hätten ja eigentlich gar keine Zeit und müssten sehr bald wieder los. Nun, sie sind ja auch alle wieder losgekommen, aber fast immer mit großer Verspätung und dazu sehr zufrieden.

Die Kalandgasse ist die schönste und romantischste Straße in Celle. Sie führt von der Kanzleistraße an der Stadtkirche vorbei zur Stechbahn. Und in dieser Richtung sollte man sie auch begehen, weil man so immer den Stadtkirchenturm und die schöne Häuserzeile der Stechbahn im Blick hat. Ihren Namen erhielt die Gasse nach der geistlichen Kaland-Bruderschaft, die sich im Mittelalter der Wohltätigkeit verschrieben hatte und sich immer am Monatsanfang (lateinisch calendae) traf. Wo einst das Versammlungshaus des Ordens stand, wurde 1602 die städtische Lateinschule mit überaus reich und prächtig geschnitzten Schwellen und Pilastern errichtet: ein Muss für jede Stadtführung. Gleich am Ende der Gasse führt der Weg links an den alten Pastorenhäusern »An der Stadtkirche« vorbei, die auch verträumt-sehenswert sind.

Zöllnerstraße 29: Da muss jeder meiner Gäste durch – im wahrsten Sinne des Wortes, denn in das Barockpalais aus dem 18. Jahrhundert kommt man durch eine offene, stattliche Diele. Für mich ist dies das schönste Haus der Stadt. Wie gut, dass man freien Zugang hat und von der Diele aus einen Blick auf ein wunderschönes barockes Treppenhaus werfen kann. Geht man weiter durch, kommt man in den schönsten Innenhof von Celle, der in den Sommermonaten als Weinschänke bewirtschaftet wird. Der Besuch in diesem alten, schönen Haus macht etwas ganz Wichtiges deutlich: Das Celler Altstadtdenkmal besteht nicht nur aus den bunten Fassaden, sondern vor allem auch aus dem historischen Inneren der Häuser. Beides gehört untrennbar zusammen, beides steht unter Schutz!

Celler Tradition pur gibt es bei »Huth«, Kaffee & Feinkost, Großer Plan 7. Dieses Geschäft wurde bereits 1851 als »Colonial- und Materialwarengeschäft« gegründet, es ist eine Institution und die Zeit ist hier stehen geblieben. Seit mehr als 110 Jahren werden dort feinste Kaffees in der hauseigenen Kaffeerösterei geröstet – und das kann man dann auch in Celle riechen.

Celle hat drei Rathäuser: das Alte Rathaus, das im Kern aus der Zeit der Stadtgründung stammt, das Neue Rathaus von 1872 (als »Heidekaserne« eine der größten Kasernen damals im Deutschen Reich) und »das heimliche Rathaus« in der Neuen Straße 36 – so wird die alte Celler Traditionsgaststätte Schweine-Schulze im Volksmund genannt. Heimliches Rathaus deshalb, weil die Ratsherren vom gegenüberliegenden Alten Rathaus früher angeblich hier die wirklich wichtigen Entscheidungen trafen. Sogar die bekannte Celler Heimatschriftstellerin Carla Meyer-Rasch hat im letzten ihrer drei lesenswerten Bände »Alte Häuser erzählen«, der 1974 erschien, ein Kapitel der Geschichte des alten Fachwerkhauses »Schweine-Schulze« gewidmet. Sie erwähnt hierin die Übernahme durch Herrn Udo Röder im Jahr 1970, »mit dem das Gasthaus des Schweineschulzen nun einen jugendlichen Wirt erhielt«. Über all die Jahrzehnte hat sich nichts geändert, Herr Röder ist immer noch der Wirt und immer noch jugendlich. Hier wurde übrigens auch das Benefiz-Fußballspiel Hamlet gegen Kotelett aus der Taufe gehoben: Schauspieler des Schlosstheaters gegen Celler Wirte. Da könnten auch Jogi Löw und seine Jungs noch allerhand lernen…

Celler Fachwerk im Sommer

Reformation

Natürlich hat die Celler Fachwerkstadt auch einen Bezug zur Reformation, und zwar in Herzog Ernst dem Bekenner, der hier 1527 die Reformation eingeführt hat. Er blickt uns aus seinem Porträt entgegen, das nach 1901 am Hoppenerhaus, Poststraße 8 / Ecke Rundestraße angebracht wurde. Das Hoppenerhaus ist das prächtigste, reich geschnitzte und deshalb bekannteste Fachwerkhaus in Celle. Herzog Ernst erbaute es 1532 am Übergang von der Gotik zur Renaissance für seinen

Rentmeister (Finanzminister) Simon Hoppener. Wir sehen eine Fülle von ornamentalem Schmuck und Figuren wie antike Götter, Fabelwesen, Putten und andere Personen. Noch einmal der Hinweis auf die drei Fachwerkhäuser links, die in ihrer Ausschmückung über drei Jahrhunderte immer jünger und einfacher werden, je weiter wir nach links gehen.

Seit Mitte des 15. Jahrhunderts gab es in Celle das Franziskanerkloster Zum Heiligen Kreuz, das dem Ende der Neuen Straße gegenüberlag. Noch heute weisen die Straßennamen Am Heiligen Kreuz und Klostergang darauf hin. Nachdem sich das Kloster hartnäckig der Einführung der Reformation in Celle widersetzt hatte, wurde es 1528 geräumt und abgebrochen, die Mönche verließen Celle.

Bewahren und behüten

Ich bin mit meinen Hinweisen zur Fachwerk-Altstadt fast am Ende. Die Pracht des Hoppenerhauses ist einzig in Celle. Es gibt andere Fachwerkstädte in Niedersachsen, z.B. Einbeck, die eine ganze Reihe solch prächtiger Schönheiten zu bieten haben. Im Gegensatz dazu liegt Celles Stärke eindeutig in der großen Zahl seiner vielen hundert denkmalgeschützten Fachwerkhäuser mit ihren Innenhöfen, die an den historischen Straßen und Plätzen liegen – sie alle sind über die Jahrhunderte zu einem einzigartigen, geschlossenen und denkmalgeschützten Altstadtensemble zusammengewachsen. Celles Hingucker ist dieses Ensemble.

Viele Menschen haben sich in Celle über die Jahrhunderte für das Wohl, den Erhalt und die Stadtbildpflege ihrer Stadt eingesetzt. Davon profitieren wir heute, ob als Einwohner oder als Besucher. Wir heutigen Celler wissen, dass unser Denkmal Fachwerk-Altstadt auch in Zukunft Pflege, Verständnis und Fürsprache brauchen wird. Aber auch Fürbitte. Das wurde mir bewusst, als ich vor ein paar Jahren in unserer Stadtkirche eine alte, weiße Tischdecke sah, auf der unser schönes Kirchensilber ausgestellt war. Auf der Tischdecke war in kunstvollen Lettern eingestickt »Mensch bewahre, Gott behüte«. ●

▶ **INGO VORMANN**
ist zuständig für die Öffentlichkeits- und Pressearbeit im Kulturkreis Fachwerk im Celler Land e.V.

Die Celler Schlosskapelle

Ein Gesamtkunstwerk der Reformationszeit

—

VON JULIANE SCHMIEGLITZ-OTTEN

▶ Wilhelm der Jüngere von Braunschweig-Lüneburg und seine Gemahlin Dorothea. Altarflügel, vermutlich Ludger tom Ring

Mit der Celler Schlosskapelle besitzt Niedersachsen eine der bedeutendsten Kirchen, deren Ausstattung und Bildprogramm Zeugnis des umfassenden reformatorischen Umwälzungsprozesses ist – und zwar sowohl mit Blick auf eine erneuerte Glaubensgrundlage als auch hinsichtlich eines neuen fürstlichen Herrschaftsverständnisses.

Bereits 1485 wurde in der Celler Residenz, Sitz der im Fürstentum Lüneburg regierenden Herzöge von Braunschweig-Lüneburg, eine Kapelle geweiht. Der an der Südostseite des Schlosses gelegene Saalbau mit einer Größe von rund 14 Metern Länge und 9 Metern Breite gab den architektonischen Rahmen vor, für den Herzog Wilhelm der Jüngere in den Jahren 1565 bis 1576 eine vollständig neue und bis heute ohne wesentliche Veränderungen erhaltene Ausstattung schaffen ließ. Die Celler Schlosskapelle (▶ Seite 14) ist somit kein Neubau und reiht sich deshalb ein in die Mehrheit der Kirchbauten der ersten nachreformatorischen Zeit, in der überwiegend »katholische« Gotteshäuser übernommen und in Erscheinungsbild und Ausstattung an die neuen Bedürfnisse angepasst wurden.

Drei Aspekte heben jedoch Celle unter den erhaltenen Schlosskapellen heraus: Ihre überaus reiche Renaissanceausstattung ist ohne wesentliche Veränderungen oder Verluste erhalten geblieben. Die Qualität der künstlerischen Ausstattung ist in weiten Teilen herausragend, denn rund ein Drittel der Gemälde – darunter die Hauptwerke – stammt aus der Werkstatt des bedeutenden Antwerpener Malers Marten de Vos. Und schließlich sind Fülle und Vielfalt der Ausstattung einmalig und umfassen neben den Gemälden auch die Ausmalung der Gewölbe, hervorragende Steinmetzarbeiten sowie zahlreiche weitere Zierelemente wie Schmuckfriese, figürliche Applikationen, Gehänge und anderes mehr.

Die meisten Besucher der – aus konservatorischen Gründen leider nur durch eine Glasscheibe zu besichtigenden – Kapelle sind erstaunt über den Bild- und Schmuckreichtum dieses protestantischen Gotteshauses. Als Kapelle in einem Residenzschloss nimmt dieser Kirchenraum jedoch eine besondere Stellung ein, denn er war eingebunden in die gesamte Herrschaftsarchitektur des Schlosses und damit Teil landesherrlicher Selbstdarstellung – eines Fürsten, der durch die Reformation eine neue Rolle übernommen hatte: die des obersten Kirchenherrn.

Mit der eindrucksvollen Ausgestaltung der Kapelle in seiner Residenz setzte Herzog Wilhelm schließlich in mehrfacher Hinsicht ein Zeichen: Ranganspruch der welfischen Dynastie gegenüber den Fürstendynastien des Reiches, Behauptung im Kreise innerwelfischer Konkurrenz, Zeichen der Vereinnahmung des sakralen Raumes für herrschaftsrepräsentative Zwecke und schließlich ein Zeichen seiner eigenen Frömmigkeit.

Auf den Innenseiten der Altarflügel findet man Wilhelm und seine Gemahlin Dorothea, Tochter des dänischen Königs Christian II., links und rechts der Kreuzigungsszene als Stifter. Beide sind mindestens ebenso groß wie die Figuren der Kreuzigungsszene wiedergegeben. Sie erscheinen deutlich in ihrer eigenen herrschaftlichen Sphäre: im Hintergrund Wilhelms die fürstliche Residenz Celle, im

Hintergrund Dorotheas das Gifhorner Schloss. Weitere Herrschaftsattribute schmücken die Darstellung: Fürstenhut und weiße Handschuhe, Jagdhunde, Pfau und Truthahn als höfische Statussymbole, kostbare Vasen mit Blumen, die Mariensymbolik und den Vanitas-Gedanken assoziieren lassen. Herrschaftszeichen tragen auch die Engel oben auf dem Altar rechts und links der Christusfigur: Die Schilde in ihren Händen zeigen die Wappen des Hauses Braunschweig-Lüneburg und das dänische Wappen Dorotheas.

Mit dem Einbau einer Empore an der Nord- sowie einer Doppelempore an der Westseite entsprach die Architektur der Celler Schlosskapelle den neuen Anforderungen an einen für den lutherischen Gottesdienst tauglichen Kirchenraum: Die Emporen schufen mehr Sitzplätze, um den längeren Gottesdiensten und der Predigt aufmerksam folgen zu können. Der Herrschaftsstand des Herzogs ist noch einmal deutlich herausgehoben. Von einem Ziborium gekrönt, ist sein Platz thronähnlich inszeniert und der gesamte Stand durch geschnitzte Medaillons auf dem oberen Abschluss prächtig verziert. Noch entscheidender aber ist die Position seines Sitzes: Der Herzog schaute nicht zentral auf den Altar, sondern seine Blickrichtung ist der lutherischen Liturgie entsprechend auf die Kanzel gerichtet. Und auch hier sind die Rangverhältnisse eindeutig nach außen hin sichtbar: Der Herrschaftsstand des Fürsten ist höher angeordnet als die Kanzel, so dass der Prediger zu ihm aufschauen musste.

Ein neues Herrschaftsverständnis

Nicht nur der Aufbau der Kapelle selbst, sondern vor allem auch das Bildprogramm weist die Schlosskapelle als einen von der neuen Glaubensauffassung geprägten Raum aus: so die lutherische Vorstellung der zueinander in enger Beziehung stehenden Testamente, deren Geschichten in stringent durchdachter Anordnung zueinander positioniert sind, oder die an zentraler Stelle stehenden Bilder der beiden einzigen von Luther anerkannten Sakramente, Taufe und Abendmahl. In unmittelbarer Nähe seines Sitzes ließ der Herzog die Könige David und Salomo anbringen, wie weise und starke – aber eben auch fehlbare und zur Reue fähige Könige. Dass der rechte Glaube sich nicht in sich selbst erschöpfen darf, sondern sich in einem daraus abgeleiteten Handeln erweisen muss, wird mit Blick auf das Weltgericht zur Mahnung an das Gewissen des Einzelnen. Als ob diese Forderung mit Beispielen veranschaulich werden soll, finden sich darunter an der Empore die Werke der Barmherzigkeit dargestellt: Wer sich die Darstellungen genau ansieht, kann auf allen Bildern eine Figur entdecken, die durch variierende, aber doch immer fürstliche Attribute gekennzeichnet ist: einen roten Umhang, eine rote Kopfbedeckung oder Hermelinbesatz an der Kleidung. Ob darin nun Herzog Wilhelm selbst, ein Stellvertreter oder schlicht »der Fürstenstand« gesehen werden kann, bleibt offen. An der besonderen Kennzeichnung dieser Figur besteht jedoch kein Zweifel. Mit dieser Darstellung bleibt die lutherische Forderung nach Barmherzigkeit nicht einfach frei im Raum stehen. Sie richtet sich nicht (nur) an andere, sondern meint vor allen Dingen den Fürsten(stand) selbst, der mit gutem Beispiel voranzugehen habe, sie appelliert an die Verantwortung des gläubigen Fürsten.

Der verglaste Herrschaftsstand des Herzogs auf der Nordempore

▼
»Tränkung der Durstigen«, Detail aus den »Werken der Barmherzigkeit«

Gemälde im Giebel-
feld an der Nordseite
mit dem aus der Bibel
vorlesenden Fürsten

▼
»Allegorie der
christlichen Kirche«,
Gemälde neben
dem Eingang an
der Nordseite

Herzog Wilhelm der Jüngere

Dass Wilhelm der Jüngere in diesem Sinne ein frommer Mann war, wird in den wenigen biographischen
Aufzeichnungen über ihn immer wieder betont.
Wilhelm schien – wie zuvor seinem Vater Ernst
(»der Bekenner«) – ernsthaft daran gelegen zu sein,
nicht nur ein guter Landesherr, sondern auch ein ge-
staltender oberster Kirchenherr zu sein. Als er 1559
gemeinsam mit seinem Bruder Heinrich die Regierung im Fürstentum Lüneburg
übernommen hatte, war die
erste Phase der Reformation
bereits abgeschlossen, und
der Augsburger Religionsfriede
hatte zu einem gewissen Aus-
gleich zwischen den Altgläubigen und den protestierenden
Reformern geführt. Die Auseinandersetzungen, die daraufhin stärker in den Vordergrund
rückten, waren eher innerpro-
testantischer Art.

Als Fürst, der anordnete,
wie der wahre Glaube in seinem Herrschaftsbereich gelebt
werden sollte, ließ Wilhelm
auch an anderer Stelle auf den
Fürstenstand verweisen: Ein
kleines Giebelfeld, der Welt-

gerichts- und Barmherzigkeitsgruppe gegenüber
und damit unmittelbar unter dem herzoglichen Sitz-
platz positioniert, zeigt einen Fürsten, der seinen
Kindern aus der Bibel vorliest. Als *summus episcopus*
hatte der Landesherr die formale Handhabe, auch
die Schulorganisation in die Hand zu nehmen. Denn
die Kirchenordnung umfasste zugleich die Ordnung des Schulwesens, und die ersten Schulord-
nungen waren Bestandteil der Kirchenordnung.
Diese Übernahme des Fürsorgeprinzips durch den
Landesherrn wird heruntergebrochen bis auf die
persönliche Ebene selbst, indem der Fürst auch in
seinem eigenen Umfeld, seiner Familie, als vorbildlicher (d. h. sich auf die Bibel beziehender) Landes-
vater erscheint.

Eine lutherische Kapelle

Die lutherische alleinige Anerkennung der Schrift
als Gottes Wort und die sich daraus ableitende Bedeutung, die dem Wort und seiner Verkündigung
zukommt, zeigt sich nicht nur in der herausgehobe-
nen Stellung der Kanzel. Auch ist fast jedes Gemälde
mit einer eigenen Schrifttafel versehen, auf welcher das dazugehörige Bibelzitat in deutscher Sprache zu lesen ist. Dazu kommen eine Vielzahl weiterer Texte, unterschiedliche Schriftfahnen und
-tafeln, das Glaubensbekenntnis, namentliche Be-
zeichnungen der dargestellten Apostel und Prophe-
ten. Programmatisch und von stark lehrhaftem

Charakter ist auch ein Gemälde, das sich an zentraler Stelle direkt neben dem Eingang der Kapelle befindet, die »Allegorie der christlichen Kirche«. Von allen Versuchungen und Bedrängnissen – der Verschwendungssucht *(luxoria),* dem Reichtum, dem Tod – unangefochten, siegt die neue Kirche, auch über den sich als Teufel entpuppenden Engel mit dem Buch des »Interims«. Auf die Heilige Schrift gestützt, schaut sie unbeirrt in die Zukunft.

Die »Himmelsmacht Musik«

Wie sehr zu einem lutherischen Gottesdienst neben den Sakramenten und der Verkündigung auch der Lobpreis Gottes durch die Musik zählt, wird in der Celler Schlosskapelle auf besonders schöne Weise anschaulich: Die Orgel der Celler Schlosskapelle, von der lediglich das Gehäuse weitgehend original erhalten ist, zählt zu den bedeutendsten Fragmenten einer Renaissanceorgel in Nordwestdeutschland. Ihre aufwändige Bemalung geht ebenfalls auf die Ausstattungszeit der Kapelle um 1570 zurück. Bei geöffnetem Orgelprospekt sieht man u. a. die Verkündigungsszene, darüber einen Engel mit dem Spruchband »Ehre sei Gott in der Höhe«. Dieser Aufruf wird in die Tat umgesetzt, wenn sich die Flügel der Orgel schließen: Zahlreiche Engel bevölkern den äußeren Orgelprospekt und führen, umrahmt von Fabelwesen, Tieren, Akanthusranken und Blattwerk, die Streich-, Blas- und Zupfinstrumente der damaligen Zeit vor.

Das Thema des Lobpreises durch Musik kommt jedoch nicht nur im Umfeld der Orgel zum Ausdruck, es zieht sich durch die gesamte Kapelle hindurch: Insgesamt 26 steinerne Engelshalbplastiken sind entlang den Emporen angebracht. Sie spielen 22 verschiedene Musikinstrumente der damaligen Zeit und bilden neben den musizierenden Engeln in der Begräbniskapelle des Freiberger Doms heute ein einzigartiges musikwissenschaftliches Zeugnis.

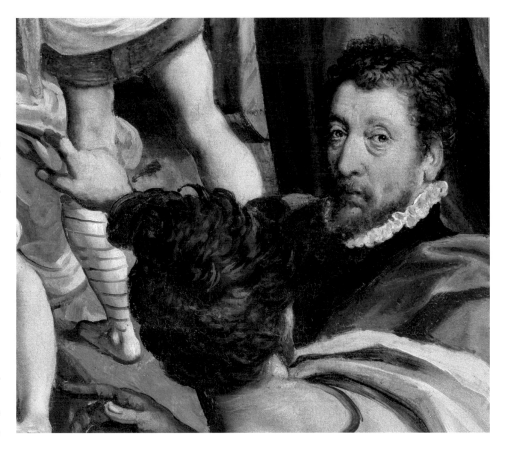

Selbstbildnis Marten de Vos (Ausschnitt aus der »Sintflut«)

Der Künstler: Marten de Vos

Von den insgesamt 76 Gemälden in der Celler Schlosskapelle sind 24 mit Marten de Vos einem der erfolgreichsten Antwerpener Künstler seiner Zeit zugeschrieben. Weitere 25 sind seiner Werkstatt zugeordnet. So ist es nicht nur die ungemeine Quantität an Arbeiten, sondern auch die besondere Qualität der Werke, welche die Celler Schlosskapelle zu einem wirklichen Kleinod machen.

Wenngleich die Gesamtgestaltung, deren Realisierung sich über zehn Jahre hinzog, Brüche und unterschiedliche künstlerische Qualitäten aufweist, so sprechen doch gerade die zentralen und programmatisch ausgereiftesten Elemente für einen bewussten Gestaltungsauftrag. Hier lässt sich wie kaum anderswo auf engstem Ort eindrücklich nachvollziehen, wie sehr die reformatorische Bewegung gesamtgesellschaftlicher Aufbruch und Neuorientierung sowohl auf theologischem wie auf politischem Gebiet war. ●

◄ Musizierende Engel mit Trommel und Sackpfeife

▶ **JULIANE SCHMIEGLITZ-OTTEN**
ist Leiterin des Residenzmuseums im Celler Schloss.

Johannes Churfurst zu Sachsen.

Georg Marggrau zu Brandenburgk.

Ernst Herzog zu Luneburgk.

Philippus Landtgrau zu Hessen

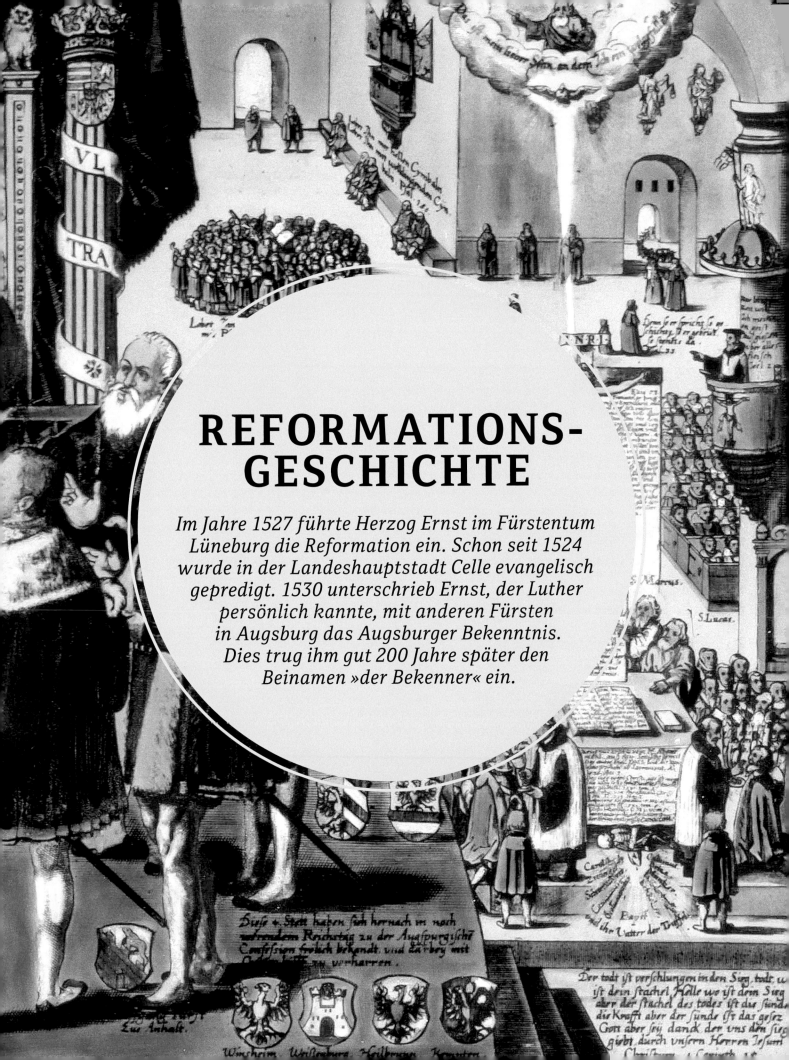

REFORMATIONS-GESCHICHTE

Im Jahre 1527 führte Herzog Ernst im Fürstentum Lüneburg die Reformation ein. Schon seit 1524 wurde in der Landeshauptstadt Celle evangelisch gepredigt. 1530 unterschrieb Ernst, der Luther persönlich kannte, mit anderen Fürsten in Augsburg das Augsburger Bekenntnis. Dies trug ihm gut 200 Jahre später den Beinamen »der Bekenner« ein.

Die Anfänge der Reformation in Celle

—

VON RALF BUSCH

▶ Titelblatt der ersten reformatorischen Schrift von Wolf Cyclop, »Ein geistlicher Kampf«, erschienen in Magdeburg 1524

Grabstein von Herzog Heinrich d. Mittleren (gest. 1532) in der Gemeindekirche Wienhausen

Am Jahresende 1517 taucht in Celle am Hof des Fürstentums Lüneburg ein Sonderling auf, Wolf Cyclop genannt, berufen als Hofmedicus für den Landesherrn Heinrich den Mittleren, Herzog zu Braunschweig und Lüneburg. Nach unstetem Leben und Wanderschaft von Wittenberg, wo er studierte und als Professor für Mathematik wirkte, war er 1508–10 als Schulmeister in Zwickau zu finden, nachmalig kehrte er als Dr. med. und Apotheker wieder in Wittenberg ein, um dann endlich nach Celle zu finden. Hier lernt man ihn als glühenden Anhänger Luthers kennen. Alsbald begann er einen Streit mit den Franziskanern, die in der Stadtkirche St. Marien den Messdienst versorgten und sich gegen jegliche Neuerungen sträubten. Celle erlebte gerade unruhige Zeiten, der Landesherr war in der Hildesheimer Stiftsfehde militärisch unterlegen und musste die Reichsacht fürchten. Um ihr zu entgehen mit allen negativen Folgen für das Land, setzte er 1520 seine Söhne Otto und Ernst als Regenten ein und begab sich ins Exil nach Frankreich, wo er ohnehin wohlgelitten war, da er den König als Nachfolger in der Kaiserwürde gegen die Habsburger favorisierte.

Die jungen Herzogssöhne Otto (geb. 1495) und Ernst (geb. 1497) waren durch ihre Mutter Margarete von Sachsen (Schwester von Kurfürst Friedrich dem Weisen) im Fürstenstand herausgehoben und geradezu zwangsläufig nahm sich deren Oheim ihrer Erziehung während deren Studienzeit 1511 bis 1516 in Wittenberg an. Als Mentor berief er Georg Spalatin, der auch dem Hofstaat vorstand, mit dem Celler Präzeptor Ekbert Nithard, die alle gemeinsam im Schloss zu Wittenberg wohnten. Die Celler Prinzen wuchsen also dicht am Reformationsgeschehen heran und wurden als Zeitzeugen durch die Begegnung mit Luther nachhaltig geprägt. Den altgläubigen Herzog Heinrich ereilte die Reichsacht 1521. Um Schaden vom Fürstentum abzuwenden (Schulden hatte er reichlich aufgehäuft), übergab er die Landesregierung am 22. Juli 1522 an seine Söhne und blieb im Exil.

Erste reformatorische Schritte

Die jungen Herzöge bekannten sich förmlich bereits am 23. Juli 1521 rückhaltslos der reformatorischen Bewegung zugehörig und seitdem war das Fürstentum Lüneburg eins der fünf Reichsfürstentümer der Bewegung. Herzog Ernst wird deswegen seit 1719 mit dem Beinamen »der Bekenner« gewürdigt. 1524 berief er Gottschalk Kruse aus Braunschweig als Prediger an die Stadtkirche St. Marien, der die deutsche Predigt einführte, und er selbst holte zu seiner Unterstützung Johann Matthiae, Heinrich Bock und bald auch Matthias Mylow heran. Heinrich Bock wird in seiner zeitgenössischen Biographie bereits als Generalsuperintend bezeichnet, obwohl diese Titulatur erst zu Zeiten von Urbanus Rhegius aufkam. Bock genoss das Vertrauen seines Herzogs,

◄
Weltkugel mit Stadt-
ansicht von Celle,
1606. Links Stadt-
kirche St. Marien und
rechts das Schloss mit
der Ostfassade aus der
Zeit von Herzog Ernst

Stadt – Land

Celle war 1524 als erste Stadt in Norddeutschland fest in lutherischer Hand. Auch Magdeburg rühmte sich in ebendiesem Jahr seiner Vorreiterrolle (allerdings nur in der Altstadt!). Celle war zwar Residenzstadt der Welfen, aber umgeben von mächtigen Hansestädten, ohne nennenswerte Eigenproduktion oder Handel – eine kleine Landstadt eben, die kaum 2000 Einwohner zählte. Das Fürstentum existierte wegen der Teilhabe am Silberbergbau des Harzes entsprechend den Regelungen des Gesamthauses. Der Fürst war verfassungsgemäß abhängig von den Beschlüssen des Landtages, den Herzog Ernst bewegen musste, ihm die Einnahmen aus den Klöstern zuzusprechen, was

▼
oben: Urbanus Rhegius,
Porträt aus Sebastian
Münter, Cosmographia

unten: Ernst, Herzog
zu Braunschweig
und Lüneburg, Porträt
von Lukas Cranach d.Ä.
und Jost Stetten,
um 1536

den er mehrfach zu Reichstagen begleitete. Bei einer solchen Gelegenheit verstarb er 1532 in Nürnberg.

Die lateinische Messe unter dem herzoglichen Kirchenherrn Cord Lüdeke wurde aber vorerst aufrechterhalten, bis Herzog Ernst am 1. Juli 1527 die Schließung des Franziskanerklosters verfügte und die Mönche aus der Stadt vertrieb. Auf dem Landtag zu Scharnebeck am 14. April 1527 kam es dann zu einer dramatischen Entwicklung, da der inzwischen heimgekehrte Herzog Heinrich staatsstreichartig versuchte, die Macht wieder an sich zu reißen, was ihm aber nicht gelang. Vielmehr stimmte der Landtag den Reformvorschlägen zur Neuordnung der Klostereinnahmen von Herzog Ernst zu. Dass Gottschalk Kruse als Reformater in der Stadt Celle nicht in Erinnerung gehalten wurde, ist durch einen besonderen Umstand bedingt. Herzog Otto schied 1527 aus der Landesregierung aus und ließ sich mit Harburg abteilen. Er hatte der nicht ebenbürtigen Metta von Campe ein Eheversprechen gegeben. In seiner Gewissensnot bat er Luther um Rat, der ihm bedeutete, dass das Eheversprechen höherwertig anzusetzen sei als die Verpflichtung dem Land gegenüber. Bei der Gründung eines Hofstaates in Harburg folgten ihm dorthin etliche Celler Beamte, darunter eben auch Gottschalk Kruse. So wurde der Weg frei für die Berufung von Urbanus Rhegius als ersten Prediger an der Stadtkirche St. Marien im Jahre 1530. Damit war die Frühreformation in der Stadt Celle zum Abschluss gekommen.

er tatsächlich 1527 tat und damit die Einführung der Reformation landesweit billigte. Der Landesherr beurlaubte Urbanus Rhegius für eineinhalb Jahre, um in der Stadt Lüneburg der Reformation zum Durchbruch zu verhelfen. Erst danach konnte er sich intensiver der Reformation der Klöster widmen, die erbitterten Widerstand gegen jegliche Neuerungen leisteten. Rhegius verfasste zwei Sendschreiben gegen die Klöster, aber er erlebte den Durchbruch nicht mehr, denn der Prozess der Reformation zog sich bis in das letzte Drittel des 16. Jahrhunderts hin. Das Wirken von Urbanus Rhegius stand also ganz im Zeichen der inneren Konsolidierung der neuen Lehre.

Als er 1541 starb, fand er seine letzte Ruhestätte im Hohen Chor der Stadtkirche neben seinem Fürsten, eine herausragende Würdigung, wie sie später nur Luther und Melanchthon in Wittenberg zuteilwurde.

Als Herzog Ernst 1546 starb, sagte Melanchthon über ihn: »Großen Lob würdig ist Euer Vater, der an Tugend, Frömmigkeit, Besonnenheit und Mäßigung die Fürsten übertraf.« Damit erfüllte Ernst die Maximen, die Rhegius im Celler Fürstenspiegel von 1535 festgelegt hatte. •

▶ **RALF BUSCH**
ist wissenschaftlicher Mitarbeiter
im Bomann-Museum Celle.

Johann Arndt (1555–1621)

Einer der einflussreichsten nachreformatorischen Theologen und sein Wirken in Celle

—

VON WOLFGANG SOMMER

▶ Johann Arndt (1555–1621); Ölgemälde in der Stadtkirche Celle

Am Anfang des 17. Jahrhunderts wirkte in Celle ein Theologe, der für die ganze neuere Kirchen- und Theologie- sowie Frömmigkeits- und Geistesgeschichte eine herausragende Bedeutung erlangt hat: Johann Arndt, der von 1611 bis 1621 Generalsuperintendent des Fürstentums Lüneburg mit Sitz in Celle war. Mit seinem seit 1605 in Braunschweig entstandenen Erbauungsbuch »Vier (später sechs) Bücher vom wahren Christentum« hat er ein Werk geschaffen, das in der Geschichte des neuzeitlichen Protestantismus eine geradezu einzigartige Wirkung entfaltete. Schon im 17. Jahrhundert ist dieses Buch unzählige Male neu aufgelegt und in fremde Sprachen übersetzt worden. Außer Bibel, Gesangbuch und Katechismus gibt es kein Werk, für das man im protestantischen Deutschland des 17. Jahrhunderts eine ähnlich hohe Zahl von Druckorten nennen könnte. Johann Arndt gilt als eine der einflussreichsten Gestalten der lutherischen Christenheit seit der Zeit der Reformation. Dass Celle im letzten Jahrzehnt seines Lebens der Ort seines Wirkens war, ist Anlass genug, auf diese Zeit etwas näher einzugehen, in der Arndt nach einem bewegten und an Entbehrungen und Anfeindungen reichen Leben auf dem Höhepunkt seines Lebens und Schaffens angelangt ist.

Zunächst sei kurz auf sein Leben und Wirken vor seiner Zeit in Celle hingewiesen.

Johann Arndt wurde als Pfarrerssohn am 27. Dezember 1555 in Ballenstedt im Fürstentum Anhalt geboren. Er besuchte die Schulen in Aschersleben, Halberstadt und Magdeburg und studierte ab 1575 in Helmstedt, Wittenberg, Basel und Straßburg die artes liberales und Medizin. In dem Studium der freien Künste war auch ein theologisches Grundstudium inbegriffen. Nach Errettung aus Todesnot entschloss sich Arndt, aus Dankbarkeit gegenüber Gott auch anderen Menschen als Pfarrer leibliche und seelische Hilfe zukommen zu lassen. Nach seiner Ordination 1583 wurde Arndt Pfarrer im Fürstentum Anhalt, zunächst in Ballenstedt und sodann in Badeborn. Der Fürst seines Landes neigte dem Calvinismus zu und verlangte von den Pfarrern die Abschaffung des sogenannten Taufexorzismus, Gebete zur Absage an den Teufel, die Luther in seinem Taufbüchlein von 1526 aus der mittelalterlichen Tradition beibehalten hatte. Arndt verweigerte den Gehorsam und musste deshalb Amt und Heimat verlassen. Von 1590 bis 1599 war er Pfarrer an der Nikolaikirche in Quedlinburg. Hier entstanden seine Bußpredigten »Predigten von den Egyptischen Plagen« und eine Schrift gegen die calvinistische Bilderfeindlichkeit. In dieser Zeit gab Arndt auch verschiedene Texte der spätmittelalterlichen Mystik heraus. Er wollte damit seiner lutherischen Kirche diese Frömmigkeitstradition erneut zugänglich machen. Seine nächste Station war das Pfarramt an der St. Martinikirche in

Braunschweig. Hier verfasste er das erste Buch »Vom wahren Christentum«, das 1605 in Frankfurt a. M. erschien. Mit Hilfe von mystischen und spiritualistischen Texten rief er zu einer Verwandlung der Lehre ins Leben, zu einer tätigen Nächstenliebe auf und kritisierte die falsche Sicherheit der Christen seiner Zeit. Arndt erregte mit seinem Aufruf zu einem wahren Christentum sowohl theologische wie politische Anfeindungen. Nach weiteren Auflagen seines ersten Buches vom wahren Christentum und schließlich der Gesamtkonzeption der »Vier Bücher vom wahren Christentum« war das Werk entstanden, mit dem Johann Arndt weltberühmt wurde. 1610 sind sie in Magdeburg erstmals erschienen. Von 1609 bis 1611 wirkte Arndt an der Andreaskirche in der Lutherstadt Eisleben.

Im Frühjahr 1611 erhielt Arndt einen ehrenvollen Ruf von Herzog Ernst II. von Braunschweig-Lüneburg auf die Generalsuperintendentur seines Fürstentums nach Celle. Diese Berufung stellt eine besondere Zäsur im Leben und Wirken von Johann Arndt dar. Der literarisch schon weit bekannte und durch viele Kämpfe hindurchgegangene Pfarrer übernahm nun ein kirchenleitendes Amt in einem bedeutenden norddeutschen Fürstentum.

Eine für beide Seiten glückliche und fruchtbare Zusammenarbeit zwischen Herzog Christian, dem Nachfolger von Herzog Ernst, und seinem Generalsuperintendenten Arndt sollte für ein Jahrzehnt ihren Anfang nehmen. Wie hoch es Arndt schätzte, unter dieser seinen theologischen und kirchlichen Überzeugungen wohlgesonnenen Obrigkeit wirken zu können, berichtet er in einem Brief an seinen Freund Johann Gerhard (1582–1637) aus dem Anfang seiner Celler Zeit. Darin beglückwünscht er sich selbst zu des Fürsten gütiger Gesinnung, so dass er nun unter Gottes und des Fürsten Obhut ein ruhiges Leben genießen könne. Dass diese Ruhe, die Arndt nun zu genießen vorgibt, nichts mit selbstgenügsamer Beschaulichkeit und Abschließung von der Welt zu tun hat, zeigen die von pfarramtlicher, kirchenregimentlicher und schriftstellerischer Arbeit reich angefüllten Celler Jahre Arndts. In dem Bestallungsdekret wurde ihm die Oberaufsicht über die Kirchen des gesamten Fürstentums und beider dazugehörender Grafschaften sowie über die Schulen übertragen.

Der Verfasser der Bücher vom wahren Christentum und anderer Schriften, dem es so sehr um den inneren Menschen, um seine wahrhaftige Herzensfrömmigkeit, um die Begegnung mit Christus, ja um die Vereinigung der gläubigen Seele mit Gottes Güte

und Barmherzigkeit geht, dieser Erbauungsschriftsteller zeigt eine höchst engagierte kirchenleitende Tätigkeit und einen Realitätssinn, die einem solchen Schriftsteller nicht unmittelbar zuzumuten sind. Aber gerade diese der sichtbaren Kirche in einem großen norddeutschen Fürstentum gewidmete Tätigkeit ist eine Seite von Arndts Wirken, die im Zusammenhang mit seinem schriftstellerischen Werk gesehen werden muss.

Auf Anordnung Herzog Christians führte er 1615 eine Generalkirchenvisitation durch, die zu einer Überarbeitung der älteren Kirchenordnung von 1564 führte. Im Jahr 1619 kam eine neue Kirchenordnung auf der Grundlage von Arndts Visitationen heraus, die bis 1705, dem Ende des eigenständigen Fürstentums Lüneburg, ihre Gültigkeit hatte. Diese Kirchenordnung zeigt eine intensive Beaufsichtigung der Pfarrer und Kritik an den Patronatsherren des niederen Adels, die sich der Visitation entgegenstellten. Auch an dem sittlichen Zustand vieler Gemeindeglieder übt Arndt Kritik, denen mit Kirchenzucht begegnet werden muss. Insgesamt wird auf den seelsorgerlichen Charakter aller Kirchenzuchtmaßnahmen abgehoben und damit ihr Unterschied zur weltlichen Strafe hervorgehoben. Aber die verstockt bleibenden, unchristlich lebenden Gemeindeglieder werden mit dem Ausschluss aus der kirchlichen Gemeinschaft bedroht. Besonders dem Schulwesen widmet sich die Kirchenordnung mit ausführlichen Bestimmungen. Nicht nur in den Städten, sondern auch in den Dörfern sollen christliche Kinderschulen erhalten bzw. neu errichtet werden, und zwar nicht nur für Knaben, sondern auch für Mädchen. Die Bestimmungen über die Schulen in der Kirchenordnung entsprechen den Anweisungen in der Polizeiordnung von 1618. In dem strengen sittlichen Geist sowie in ihrer sozialen Grundhaltung stimmen beide Ordnungen überein.

Die kirchenleitende Wirksamkeit des Generalsuperintendenten Arndt zeigt eine der äußeren Gestalt der Kirche nicht weniger als ihrem inneren Zustand gewidmete Tätigkeit. Johann Arndt starb

Johann Arndt gilt als eine der einflussreichsten Gestalten der lutherischen Christenheit seit der Zeit der Reformation.

am 11. Mai 1621 in Celle. Bekannt aus seiner Celler Zeit ist vor allem sein literarisches Wirken, das sich mit dem »Paradiesgärtlein« an seine Bücher vom wahren Christentum anschließt, mit der Herausgabe seiner drei großen Predigtwerke jedoch noch einmal auf einen besonderen Höhepunkt kommt.

Im Jahr 1612 erschien das »Paradiesgärtlein voller christlicher Tugenden, wie solche zur Übung wahren Christentums durch geistreiche Gebete in die Seele zu pflanzen«, das mit und neben den Büchern vom wahren Christentum eine überaus weite Verbreitung fand, später auch häufig zusammen mit dem »Wahren Christentum« gedruckt wurde. Erstmals kam es 1612 in Magdeburg und Leipzig heraus. Dieses Gebetbuch und die Bücher vom wahren Christentum gehören inhaltlich zusammen, sind doch die Gebete der Weg bzw. die Übung zum wahren Christentum. Arndt wollte mit seinem Gebetbuch zum Herzstück des wahren Christentums, zum rechten Gebet eine praktische Anleitung geben. Wie die Bücher vom wahren Christentum den Irrtum strafen wollen, dass der Glaube ohne Glaubensfrucht bleiben könne, so streitet dieses Gebetbuch gegen die Trennung von Beten und Leben, von Worten und Taten. Gegen das nur äußerliche, gewohnheitsmäßige Gebet stellt Arndt das wahre, innere, den ganzen Menschen ergreifende und bewegende Gebet, mit dem sich der Mensch gegenüber Gott öffnet in der Erkenntnis seiner

Schuld und in der Gewissheit von Gottes Vergebung mit dem Ziel des gottseligen Lebens. Der Titel ist spätmittelalterlichen Gebetbüchern nachempfunden als hortulus animae und versteht die Seele als Garten, in den »christliche Tugenden« als Früchte des Glaubens gepflanzt werden sollen. Diese sind Gaben Gottes, die die Seele durch das Gebet erbittet, so dass die Seele in der Hinwendung zu Gott wie in einem blühenden Garten sich an der Schönheit von Gottes Schöpfung erfreuen kann.

In fünf Teile hat Arndt diese Mustergebete eingeteilt: erstens Tugendgebete nach den Zehn Geboten, zweitens Dankgebete für die Wohltaten Gottes, unseres Herrn Jesu Christi und des Heiligen Geistes mit einem Morgen- und Abendsegen und dem Dank

für Wort und Sakrament im Gottesdienst, für Taufe und Abendmahl und für die heilige christliche Kirche, drittens die Kreuz- und Trostgebete (u. a. Auslegung der Bitten des Vaterunsers) und die »geistliche Seelenarznei wider die abscheuliche Seuche der Pestilenz und anderer Strafen«, die wohl aus Arndts Seelsorge an den Pestkranken stammt, viertens die Amtsgebete und fünftens die Lob- und Freudengebete zu Ehre und Preis des Namens Gottes.

Arndt steht in der Tradition der evangelischen Gebetbücher seit Luther. Aber er hat auch vorreformatorisches Traditionsgut aufgenommen, so z. B. Bernhard von Clairvaux und die pseudoaugustinischen »Meditationes«, zu denen die ebenfalls Augustin zugeschriebenen Schriften »Manuale« und »Soliloquia« gehören, die oft zusammen gedruckt und übersetzt wurden. Diese mittelalterlich-mystischen Texte waren außerordentlich beliebt und haben auch die Gebet- und Andachtsbücher der nachreformatorischen Frömmigkeit nachhaltig beeinflusst.

Das Paradiesgärtlein wurde zum erfolgreichsten evangelischen Gebetbuch in Deutschland und hat überaus stark auf andere Gebetbücher, vor allem auf die Kirchenlieddichtung eingewirkt. So hat der bekannteste Kirchenlieddichter des 17. Jahrhunderts, Paul Gerhardt (1607–1676), in seinem Liedschaffen vielfach aus dem Paradiesgärtlein Arndts geschöpft.

Den reichen Ertrag seines langjährigen Berufslebens als Pfarrer hat Arndt in drei großen Predigtwerken zusammengefasst und einem breiten Leserkreis erschlossen. Kurz hintereinander erschienen während seiner Celler Zeit die Evangelienpostille, die Katechismuspredigten und die Psalterpredigten, insgesamt über 900 Predigten, die man zusammen mit den Büchern vom wahren Christentum und dem Paradiesgärtlein als seine Hauptwerke bezeichnen muss. Diese Bezeichnung wird jedoch bis heute nur auf die beiden letzten Schriften bezogen, mit denen der Name Johann Arndt seit dem frühen 17. Jahrhundert bis in unsere Gegenwart stets aufs Engste verbunden ist. Der Grund für diesen etwas verengten Blick gegenüber dem Gesamtwerk Arndts liegt gewiss in der großen

▶ Johann Arndt: Das erste Buch vom wahren Christentum, 1605

Wirkung und Verbreitung, die vor allem die Bücher vom wahren Christentum gefunden haben. Demgegenüber reihen sich die Predigtwerke Arndts in die Fülle der Postillenbände ein, mit denen schon in der zweiten Hälfte des 16. und über das ganze 17. Jahrhundert hinweg der Büchermarkt überschwemmt wurde. Gerade aber diese große Zahl zeigt, welche Bedeutung im Selbstverständnis der Theologen die Herausgabe einer Postille hatte und wie groß die Aufnahmefähigkeit dafür auf Seiten der Leser war. Wenn Arndt sich zur Herausgabe seiner Predigten entschloss, so konnte er auch im Verein mit den zahlreichen, etwa gleichzeitig erschienenen Postillen von vornherein mit einem großen Leserkreis rechnen. So hat auch Philipp Jakob Spener (1635–1705), der Begründer des Pietismus, seine »Pia desideria« als Vorwort zu einer Ausgabe von Arndts Evangelienpostille, Frankfurt 1675, erscheinen lassen in der Gewissheit, dass dadurch diese Programmschrift des Pietismus von einer großen Zahl von Lesern wahrgenommen wird. Die Postillen wurden ja nicht nur von Pfarren, sondern vor allem auch von Christen im Haus gelesen, sie waren seit der Reformation das Hauptfundament der theologischen Gemeindebildung.

Über seine Predigtweise und theologischen Leitsätze gibt Arndt in der Vorrede an den christlichen Leser in seiner Evangelienpostille ausführlich Auskunft. In diesen homiletischen Grundlinien Arndts kommt die eigentümliche, auf die individuelle Erfahrung und Frömmigkeit von Prediger und Predigthörer bzw. -leser gerichtete Predigtweise zum Ausdruck, die Johann Gerhard als »Modus docendi mysticus« bezeichnet hat. Er meint damit einen Predigtstil, der im Kern auf die Erbauung des inneren Menschen gerichtet ist. Weitere Kennzeichen dieses Stiles sind die allegorische Deutung des Alten Testaments, der Bezug der Lehre auf den verderbten Zustand des Menschen sowie auf seinen wahren, lebendigen Glauben an Christus, auf die Erweckung der Gottes- und Nächstenliebe. Ferner zielt dieser Stil auf die Entsagung von allem Weltlichen, auf Gottesfurcht, innere Gelassenheit, Demut und die Pflanzung christlicher Tugenden. Auch Gerhard selbst bediente sich dieses Stils. Zudem werde, so Gerhards Meinung, die Evangelienpostille Arndts dem Missverständnis der reformatorischen Rechtfertigungslehre vorbeugen: Im Hinblick auf Gott ist alles Gabe und Gnade, aber Rechtfertigung bedinge den wahren, lebendigen Glauben, der mehr ist als »blosse Wissenschaft/viel weniger ein eusserlicher

Es geht darum, dass das gepredigte Wort Gottes möglichst viele erreicht, nicht nur äußerlich, sondern als Anklage und Trost des Gewissens.

Ruhm ohne alle Änderung und Verneuerung des Hertzens.« Da bei den meisten Menschen der Glaube erloschen und die Liebe erkaltet sei, habe er des öfteren Arndt schriftlich daran erinnert, »dass er der lieben Kirchen zum Besten diese Mühewaltung auff sich nehmen/und eine solche Postill verfertigen wolle«.[1] Gerhard sah in den Predigten Arndts das Hauptzeugnis seines Glaubens und Wirkens für seine Zeit, wie seine Vorreden zur Evangelienpostille und zu den Psalterpredigten deutlich zeigen. Dass es Arndt vor allem um eine neue, eindringlichere Form der Applikation des christlichen Glaubens ging, geht auch daraus hervor, dass er die Herausgabe seiner Postille inmitten der vielen anderen durch die individuelle Art eines jeden Predigers zu rechtfertigen versucht. Es geht darum, dass das gepredigte Wort Gottes möglichst viele erreicht, nicht nur äußerlich, sondern als Anklage und Trost des Gewissens. Für dieses Ziel aber können nie genug im persönlichen Ton unterschiedene Prediger wirken, entsprechend der mannigfaltigen Gegebenheiten auf Seiten der Hörer, wenn sie nur in den Grundlagen des wahren Glaubens übereinstimmen. Dass auch die Predigt im Pietismus, insbesondere Speners Predigttätigkeit, ähnliche Intentionen verfolgte, ist offensichtlich, so dass die Arndtsche Postille als ein besonders eindrückliches Beispiel für die schon in der lutherischen Orthodoxie am Anfang des 17. Jahrhunderts breit angelegte pietistische Frömmigkeit gelten kann.

Auch die Evangelienpostille Arndts erlebte zahlreiche Auflagen vom 17. bis zum 19. Jahrhundert.

Die über 450 Predigten Arndts über den Psalter stellen eine der größten Predigtsammlungen des Protestantismus überhaupt dar. Für dieses umfangreiche Werk hat ebenfalls Johann Gerhard eine empfehlende Vorrede geschrieben, die »die geistreiche Erklärung« und »heilige Betrachtung« der Psalmen durch Arndt hervorhebt.[2] Den Charakter der Psalterpredigten Arndts hat Gerhard damit treffend umschrieben, denn sie sind, noch stärker als die Postillenpredigten, auf die Erbauung des inneren

[1] Vorrede Johann Gerhards zu Arndts Evangelienpostille vom 17. September 1615, Frankfurt a. M. 1657, S. 4.

[2] Vorrede Johann Gerhards vom 1. April 1617, Psalterauslegung Lüneburg 1710, b. III. v.

Menschen gerichtet, auf die geistliche Andacht jedes einzelnen Christen.

Arndt hat den Psalter durchgängig auf die christliche Kirche bezogen. Wort und Sakrament verbürgen die äußerliche Gestalt der Kirche, doch beide verweisen gleichzeitig auf ihre innerliche, tief verborgene Gestalt, die aus den vielen gläubigen Seelen besteht und deren Haupt Christus ist. Diese inwendige Gestalt der Kirche als Braut Christi sieht Arndt im Psalter vor allem abgebildet.

Es ist für die Frömmigkeit Arndts charakteristisch, dass die Psalterpredigten mit ihrer Applikation auf das Innere des Menschen, auf das Herz mit allen seinen geistlichen Affekten und Bewegungen, und mit ihrer Abbildung der inneren Gestalt der Kirche nicht einer von der Welt abgekapselten, selbstgenügsamen Erbauung das Wort reden. Arndt hat sie vielmehr den Bürgermeistern und Räten der Städte Lübeck, Bremen, Hamburg, Magdeburg und Lüneburg gewidmet. Die sich am Psalter erbauende innerliche Frömmigkeit drängt nach außen, zur Gestaltung der äußeren Verhältnisse beim Zusammenleben der Menschen im Geist Christi. So entfaltet Arndt in mehreren Predigten das Bild einer wahrhaft christlichen Obrigkeit, die sich persönlich mit ihrem von Gott gewollten Amt am Vorbild Christi und seinem Reich ausrichtet und im harmonischen Zusammenwirken mit der Kirche die Durchdringung aller gemeinschaftlichen Lebenssituationen mit dem Geist Christi zu ihrer Hauptaufgabe macht.

Auch dieses umfangreichste Werk Arndts erlebte im 17. Jahrhundert verschiedene Auflagen und wurde bis ins 19. Jahrhundert hinein wiederholt, zum Teil in Auszügen, nachgedruckt.

Zu den gesammelten Predigtausgaben Arndts während seiner Celler Zeit gehören schließlich noch die Katechismuspredigten, die zuerst 1616 als Anhang zum 4. Teil der Postille in Jena erschienen sind. Im Vergleich mit den Postillen- und Psalterpredigten zeigen die Katechismuspredigten keine persönlich-innerlichen Akzentuierungen, weder im Stil noch im Inhalt. Hier kann man von keinem »Modus docendi mysticus« sprechen, wie es Johann Gerhard mit Recht bei den Postillenpredigten getan hat. Diese von der anderen Zielsetzung aus leicht zu erklärende Tatsache hat auch für das zeitgeschichtliche Verständnis Johann Arndts als Prediger und Theologe eine nicht unwesentliche Bedeutung. Denn wo es vornehmlich um die Vermittlung kirchlich-christlicher Lehre nicht nur an Kinder, sondern auch an Erwachsene geht, wie es sich die Katechis-

muspredigten in der Zeit der lutherischen Orthodoxie zur Aufgabe machen, ist Arndt ein lutherisch-orthodoxer Prediger im Stil der lehrhaft-dozierenden Predigtweise der Zeit. Erst wenn die Grundlagen des christlichen Glaubens gelegt sind, kann es und muss es darum gehen, auch den inneren Menschen anzusprechen, so dass der Glaubensinhalt in einem persönlichen Glaubensleben Gestalt gewinnen kann.

Die Grundintentionen Johann Arndts über Obrigkeit und soziales Leben kommen in zwei im engeren Sinn politischen Predigten zum Ausdruck, die durch den Anschluss des Fürstentums Grubenhagen an das Fürstentum Lüneburg aufgrund eines Urteils des Reichskammergerichts veranlasst sind. Sie wurden 1618 in Celle gedruckt. In ihnen übt Arndt konkrete Kritik an den kirchlichen Zuständen seiner Zeit. Offensichtlich ist diese deutliche Sprache aus den Erfahrungen seines Aufsichtsamtes über das Kirchenwesen im Fürstentum Lüneburg entstanden. Seine handschriftlichen Aufzeichnungen bei den Visitationen sind bis heute erhalten geblieben. Die Kritik Arndts richtet sich besonders gegen die Kirchenpatronen auf dem Land, die zumeist aus dem niederen Adel kamen und sich den Anordnungen des Herzogs in Celle und seines Generalsuperintendenten widersetzten. Der schlechte Sozialstatus der Pfarrer und der Niedergang der Schulen sind Hauptkritikpunkte.

In den Herbst 1617 fällt ein Ereignis, das die Evangelischen inmitten einer für sie immer bedrohlicher werdenden Lage am Vorabend des 30-jährigen Krieges an die Reformation Martin Luthers erinnern sollte: das Reformationsjubiläum von 1617. Bis zum Jahr 1617 wurde in den verschiedenen Gebieten Deutschlands an unterschiedlichen Tagen an Martin Luther und sein reformatorisches Wirken erinnert. Die Bedeutung des Jahres 1517 als Eröffnungsjahr der Reformation wird im deutschen Protestantismus erst am Beginn des Jahres 1617 wieder in Erinnerung gerufen, wobei vor allem der sächsische Kurfürst Johann Georg I. die Initiative ergreift. Herzog Christian von Celle gehört zu den lutherischen Fürsten, denen das Gedenken an den Thesenanschlag Luthers vor 100 Jahren ein besonderes Anliegen war.

Von Herzog Casimir von Sachsen-Coburg war Herzog Christian über die Festpläne des sächsischen Kurfürsten informiert worden und gab ihm in einem Schreiben seinerseits über das geplante Vorgehen in seinen Landen Auskunft. Schon am 15. Oktober 1617 hatte Herzog Christian an Herzog Friedrich Ulrich von Braunschweig-Wolfenbüttel eine auf-

Johann Arndt: Sechs
Bücher vom wahren
Christentum, 1612
(5. Auflage 1735)

munternde Anfrage hinsichtlich des Reformationsgedenkens gerichtet und in gleichlautenden Schreiben auch die Stände des Niedersächsischen Kreises zu diesbezüglichen Aktivitäten aufgerufen. Aus diesen brieflichen Dokumenten geht das ernsthafte Bemühen Herzog Christians hervor, angesichts der von ihm als gefährlich eingeschätzten politischen Gesamtsituation das Reformationsjubiläum nicht in triumphaler Selbstsicherheit, sondern im Sinne eines Buß- und Bettages zu begehen. Das ist deshalb bemerkenswert, weil die Reformationsfeiern 1617 entgegen dieser Intention überall in Deutschland von einer ausgesprochenen lutherischen Selbstgewissheit und antipäpstlichen Polemik geprägt sind.

Überblicken wir die Predigtwerke, die Johann Arndt als Celler Generalsuperintendent herausgab, so wird aus ihrem historischen Entstehungshintergrund die enge Verbindung deutlich, die zwischen ihm und seinem Herzog bestand. Nicht nur bei der Generalkirchenvisitation und der Neuausgabe der Kirchenordnung, sondern auch bei der Zusammenfassung des Lebenswerkes Arndts in seinen großen Predigtwerken kann sich das Wirken Arndts unter dem fürstlichen Schutz und der allseitigen Beförderung durch Herzog Christian voll entfalten. Aber nicht nur zu Lebzeiten Arndts hat sich Herzog Christian für dessen Werk eingesetzt. Auch in den erst nach seinem Tod voll ausbrechenden Streitigkeiten um Johann Arndt haben sich Herzog Christian von Celle und Herzog August d.J. von Braunschweig-Wolfenbüttel, der Begründer der weltberühmten Bibliothek, nachhaltig zu Johann Arndt und seinen Intentionen bekannt. Der Grund für den Streit um Johann Arndt lag in seiner Kritik an der orthodoxen Schultheologie und ihren Vertretern sowie in seinem Bemühen, die Früchte des Glaubens in einem wahrhaft christlichen Leben stärker zu betonen, als es im damaligen orthodoxen Luthertum üblich war. Auch sein Heranziehen spätmittelalterlich-mystischer Glaubenszeugnisse erregte bei manchen seiner orthodox-lutherischen Zeitgenossen Anstoß.

Das Wirken Johann Arndts als Generalsuperintendent des Fürstentums Lüneburg stand von Anfang an unter dem Stern besonderer fürstlicher Gunst. Gerade in der Zeit der sogenannten Arndtschen Streitigkeiten haben die Braunschweig-Lüneburgischen Herzöge ihr »patrocinium« über das Werk Arndts ausgeübt und damit nicht unwesentlich dazu beigetragen, dass sich die an Arndt anschließende Frömmigkeitsbewegung wirkungskräftig weiter entfalten und ihren Platz innerhalb des lutherischen Landeskirchentums wie in der Theologie der lutherischen Orthodoxie des 17. Jahrhunderts behaupten konnte. Nach Urbanus Rhegius (1489–1541) im Reformationsjahrhundert ist Johann Arndt ein weiterer bedeutender Theologe im Amt der Celler Generalsuperintendentur, der das kirchliche Leben im Fürstentum Lüneburg erheblich förderte. Auf diesem Fundament konnten der Pietismus Philipp Jakob Speners und der lutherische Pietismus nach ihm aufbauen und mit neuen Akzenten die Impulse Arndts einer neuen Zeit weitergeben. ●

▶ WOLFGANG SOMMER
ist Professor emeritus an der Augustana Hochschule Neuendettelsau.

KIRCHEN DER STADT

Celle beherbergt heute in seinen Mauern verschiedene Kirchen und Glaubens-gemeinschaften. Neben evangelischen und katholischen Christen leben hier auch Eziden, Juden und Moslems ihren Glauben. Die evangelisch-lutherische Stadtkirche, die evangelisch-reformierte Kirche (Hugenottenkirche), die katholische St. Ludwig Kirche, das Kloster Wienhausen und die Synagoge sind unter anderem Zeugen dieser gewachsenen Vielfalt.

Die Reformation in Celle und ihre Folgen

Ev.-luth. Stadtkirche St. Marien

VON FRIEDRICH KREMZOW

► Herzog Otto der Strenge

▼ Stadtplan Celle, 18. Jh.

Es war wohl nicht nur die große Feuersbrunst um das Jahr 1290, die Herzog Otto den Strengen bewog, seine vor mehr als 300 Jahren gegründete Stadt Kellu am Oberlauf der Aller anno 1292 aufzugeben und wenige Kilometer flussabwärts per Gründungsurkunde neu zu errichten. Die kleine Brunonen-Burg, die ohnehin kaum einem feindlichen Angriff hätte standhalten können, und die Kirche der Siedlung hatten die Flammen vernichtet. Lohnende Schifffahrt war auf dem von Jahr zu Jahr immer mehr versandenden Fluss kaum noch möglich, und flussabwärts erschwerten Stromschnellen den Schiffsverkehr auf der Route über die Weser nach Bremen zusätzlich. Sowohl aus strategischen als auch aus wirtschaftlichen Gründen waren Veränderungen jetzt dringend erforderlich geworden.

Der Platz für Nyenzell war klug gewählt. Unterhalb der Stromschnellen, wo sich heute das Allerwehr befindet, begann ein ruhiger Flussabschnitt. Hier konnte ein moderner Hafen mit Zollabfertigung entstehen, und von hier aus waren die wichtigen Handels- und Bischofsstädte Verden und Bremen mit dem Schiff gut zu erreichen. Zudem sollte eine neue, feste Burg das Herzogtum künftig gegen das Stift Hildesheim und andere mögliche Gegner schützen.

Um das alles möglichst schnell zu erreichen, gestattete der Herzog jedermann, sich im Schutze der Burg anzusiedeln. Steuerfreiheit und Privilegien verhalfen der jungen Stadt zu planvollem, schnellem Wachstum. Dabei war die Anordnung der Baulichkeiten auf einer Achse von Westen nach Osten von vornherein hierarchisch klar festgelegt: auf einem Hügel oberhalb des Flusses die Burg, die weltliche Macht, dann auf einem flacheren Hügel die Kirche, die geistliche Macht. Es folgten das Rathaus und schließlich die Straßen mit den Häusern und Höfen der Bürger.

Neue Stadt und neue Kirche

Der Neubau der Kirche musste besonders rasch vorankommen, zumal 1293 auch die beim großen Brand im Jahr zuvor verschonte St. Peterskirche im alten Kellu ein Raub der Flammen geworden war. Die kleine Liebfrauenkapelle (am heutigen Kapellenberg) nahe der neuen Stadt war für den Gottesdienst der Stadtbevölkerung völlig unzureichend. Für die in Altencelle verbliebenen Menschen wurde die dortige Hauptkirche, nach 1500 erstmals als Gertrudenkirche erwähnt, wieder aufgebaut, und so kann sie heute auf eine über 1000-jährige Geschichte zurückblicken.

Schon nach relativ kurzer Bauzeit, spätestens im Jahre 1308, muss die Kirche im neuen Celle als Tauf- und Gottesdienstraum geweiht worden sein, denn im Vertrag vom 23. Juni dieses Jahres zwischen dem Rat der jungen Stadt und dem Propst zu Wienhausen ist festgehalten, dass das geistliche Sendgericht, dem sich jeder Bürger zu unterziehen hatte, für Celler Einwohner nicht mehr in dem drei Wegstunden entfernten Archidiakonat Wienhausen, sondern in der Stadt Celle stattfinden durfte. Und das war mit Genehmigung des Bischofs nur in größeren Taufkirchen möglich. Mit der Bezeichnung »ecclesia sancta maria in novo tzelle«, als die der Jungfrau Maria geweihte neue Parochialkirche, wird die Stadtkirche erstmals 1313 urkundlich erwähnt.

Trotz vieler erhaltener Urkunden aus vorreformatorischer Zeit ist uns kaum etwas über die Baugeschichte im 14. und 15. Jahrhundert überliefert. An dem der Jungfrau Maria gewidmeten Hochaltar verrichtete ein angestellter Priester im Auftrag des »Kerkherrn« seinen Dienst. Nachgewiesen sind im 15. Jahrhundert außer dem Marienaltar 14 Nebenaltäre, an denen in einigen 100 Stiftungen mehr als 50 Heilige oder deren Reliquien verehrt wurden. Gegen Ende des 15. Jahrhunderts führten Machtstreben und äußerer Glanz des Papsttums und des Klerus, aber ebenso eine tiefe Marien- und Heiligenverehrung überall, so auch in Celle, zu einer großen Blüte prachtvoller kirchlicher Zeremonien. Mit Glockengeläut, feierlichen Prozessionen, prächtigen Gewändern, Gesängen und strahlendem Kerzenlicht wurden die Messen immer aufwändiger inszeniert. Aufgrund der unzähligen Stiftungen nahm vor allem die Zahl der an den Nebenaltären von Altaristen, Kapellanen und Hilfspriestern zelebrierten Seelenmessen derart zu, dass von einer inflationären Entwicklung gesprochen werden kann. Die

Hilfspriester, die ihr geringes Einkommen allein aus diesen Stiftungen bezogen, waren oft nur wenig gebildet und als Seelsorger und Priester ungeeignet. Zeitweise waren bis zu siebzehn Kapellane gleichzeitig tätig, die sich in ihren Diensten gegenseitig störten. Während bei Seelenmessen zunächst noch für die Verstorbenen namentlich gebetet wurde, genügte aufgrund der großen Zahl schließlich die auf dem Altar ausliegende lange Liste der im Fürbittgebet zu Bedenkenden für deren symbolische Teilnahme an der Kommunion.

Auch der sittliche Verfall der unzureichend ausgebildeten und schlecht versorgten Hilfspriesterschaft, mangelhafte Seelsorge und leicht erhältliche Ablässe – zum Beispiel war der Stadtkirche anno 1485 vom Hildesheimer Bischof Berthold ein vierzigtägiger Ablass gespendet worden für die Verrichtung bestimmter Gebete – führten um 1500 zu einer unheilvollen kirchlichen Entwicklung, die schließlich auch in Celle den fruchtbaren Boden für die Aufnahme reformatorischer Gedanken bereitete.

▲
Vertrag vom 23. Juni, Urkunde von 1308

◄
Vorreformatorischer Memorienkalender, lange Liste

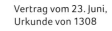

▶
Kelch und Patene
vor 1500 und Kelch,
Ende 17. Jh.

Herzog Ernst als junger Regent in Celle

In dieser Zeit regierte in Celle Herzog Heinrich der Mittlere. Mit seiner aufwändigen Hofhaltung und vor allem durch kriegerische Auseinandersetzungen führte er das Land fast in den Ruin. Als Kaiser Karl V. über ihn wegen seiner Haltung bei der Hildesheimer Stiftsfehde die Reichsacht verhängte, musste er 1520 nach Frankreich emigrieren. Sein 1497 geborener Sohn Ernst studierte ab 1512 die Jurisprudenz an der von seinem Onkel Friedrich dem Weisen zehn Jahre vorher gegründeten Universität Wittenberg. Dort lernte er über den Hofprediger Spalatin den charismatischen Doctor Theologiae Martin Luther kennen, dessen Schriften und Predigten Ernst überzeugten und prägten. Nach einem anschließenden längeren Aufenthalt am französischen Königshof kam Ernst notgedrungen 1520 nach Celle zurück, um zunächst gemeinsam mit seinen Brüdern Franz und Otto widerwillig die Regierungsgeschäfte in dem vom Vater in einem desolaten Zustand hinterlassenen Herzogtum zu übernehmen.

In Celle versuchte er als Erstes, die überschuldete Staatskasse durch eine hohe Steuerbelastung der Klöster zu sanieren und auf diesem Wege verpfändete Güter zurückzugewinnen. Das war für ihn zunächst wichtiger als über Religionsfragen zu streiten. Aber immerhin ersetzte er die papistischen Hofkapläne schon 1521 durch »lutherisch« gesinnte Prediger. Seine Versuche, mit den Oberen im Franziskanerkloster Am Heiligen Kreuz ins Gespräch zu kommen, blieben allerdings erfolglos. Vielmehr wetterten die Mönche eifrig gegen die neue Lehre.

Grabplatte Herzog
Ernst des Bekenners

Aber in Celler Gilden und gebildeten bürgerlichen Kreisen diskutierte man bereits über Luthers Gedanken und Predigten. Anführer dieser Laienbewegung war der fürstliche Leibarzt Wolf Cyklop. Er stellte die Heilige Schrift als das lebendige Wort Gottes ins Zentrum der sich um ihn versammelnden Menschen. Mit seiner Schrift »Wider die grimmigen, wütenden und brüllenden Suppen- und Kuchenprediger«, deren Druck der Herzog ausdrücklich genehmigte, wandte er sich gegen die Mönche des Franziskanerklosters, die ihm in ihrer Antwort vorwarfen, aus eigener Vermessenheit und ohne Befehl und

Beruf zu predigen. »Alle, die die Heilige Schrift nicht anders glauben, als um der Kirche willen, setzen Menschen über Gott.« Mit dieser These Cyklops, der für sich das reformatorische »Priestertum aller Gläubigen« reklamierte, öffnete sich 1524 endgültig die Tür für die Reformation in der Stadt. Wolf Cyklop, der stark zur Abendmahlstheologie Karlstadts tendierte, verließ Celle allerdings noch im gleichen Jahr und ging nach Magdeburg, wo er als Schwärmer aber abgelehnt wurde. Danach verliert sich seine Spur.

Vom Celler Streit mit den Franziskanern hatte auch Martin Luther erfahren. Er empfahl dem Herzog daraufhin, den Braunschweiger Benediktinermönch Gottschalk Kruse, einen seiner ehemaligen Studenten, als Hofprediger zu bestellen. Dem geduldigen Wirken Kruses gelang es mit Unterstützung des Herzogs, schon 1525 auch den Kirchherrn der Stadtkirche davon zu überzeugen, den Gottesdienst nicht mehr in althergebrachter Weise zu zelebrieren. So war Celle bald die erste Stadt Norddeutschlands, die sich zu Luthers Lehre bekannte. Aus der reichen Stadt Lüneburg verbannte Bürger, die lutherische Schriften gelesen und Psalmen in deutscher Sprache gesungen hatten, fanden nun in Celle Aufnahme. Die Franziskaner erhielten Predigtverbot und mussten Anfang 1527 nach Schließung ihres Klosters die Stadt verlassen. Zwar hatte ihnen der Herzog angeboten, diejenigen, die zum Predigen geschickt seien, mit einer Pfarre zu versehen oder

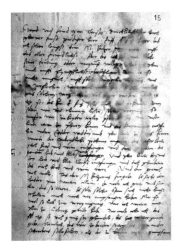

andernfalls auch ein Handwerk zu erlernen. Aber davon machte niemand Gebrauch. Das Te Deum singend verließen die Mönche, ihre Bettelsäcke geschultert, die Stadt.

Celle ist evangelisch

Celle war nun evangelisch. Das ganze Herzogtum sollte bald folgen. Das Artikelbuch von 1527, Vorläufer der 1564 erlassenen offiziellen Kirchenordnung, zählte die Missstände auf, die in den Pfarreien und Klöstern abzustellen waren, und es beschrieb ein neues gottesdienstliches Leben, in dessen Zentrum das Wort Gottes und die Predigt stehen sollten. Die Lüneburger Klöster und der Rat der Stadt Lüneburg sperrten sich noch, aber der Herzog setzte lutherische Priester ein, visitierte einige Klöster sogar persönlich und übernahm deren Verwaltung. Auch mit komplizierten theologischen Fragen setzte sich Ernst auseinander. Ein Brief Martin Luthers an den Herzog als Antwort auf dessen Vermittlungsversuch im Abendmahlsstreit zwischen Luther und dem Straßburger Reformator Martin Bucer belegt die Bedeutung, die der Herzog dieser theologischen Frage beimaß. Das Schreiben von Luthers Hand wird in der Celler Kirchenministerialbibliothek aufbewahrt.

Während des im Jahre 1530 von Kaiser Karl V. nach Augsburg einberufenen Reichstags wurde den evangelischen Predigern der Stadt Predigtverbot erteilt, allen voran Urbanus Rhegius, einem begeisterten Anhänger Melanchthons und Luthers. Hier lernte ihn Herzog Ernst kennen, der sich als Landesherr »von Gottes Gnaden« wie ein Bischof für Kirche und Glauben in seinem Land verantwortlich sah. Auf Luthers Empfehlung nahm er Rhegius mit nach Celle, um die Reformation nun auch in der Stadt Lüneburg und im ganzen Herzogtum kraftvoll durchzusetzen, und er ernannte ihn zum ersten Generalsuperintendenten im Fürstentum. Herzog Ernst und sein Bruder Franz zählten zu den sechs Landesfürsten, die auf dem Augsburger Reichstag die »Confessio Augustana« mit unterzeichneten. Bis heute zählt dieses Dokument zu den bedeutenden Bekenntnisschriften der lutherischen Kirchen. Der Mut, seine Unterschrift unter diese Schrift zu setzen, führte für Ernst rund 200 Jahre nach seinem Tod zu dem Ehrennamen »der Bekenner«.

Das neue Bekenntnis verändert den Kirchenraum

Schon aus finanziellen Gründen hat sich äußerlich an und in der Kirche nach der Reformation zunächst nicht viel verändert. Der Celler Hof war überschuldet, und auch die Ackerbürger der Stadt waren zu größeren finanziellen Leistungen kaum in der Lage. Jedenfalls wurden die Nebenaltäre mit Heiligen- und Legendenbildern und alles Sonstige entfernt, was nicht dem allein auf das Wort ausgerichteten

▲
links oben: Lutherbrief von 1531

links unten: Urbanus Rhegius

rechts: Herzog Ernst (5. von links) im Kreis der Anführer des evangelischen Schmalkaldischen Bundes 1534

▼
Kreuzigungsgruppe vor 1500

links: Einbau des Fürstenstuhls

rechts: Epitaph für Herzog Ernst den Bekenner und Herzogin Sophie von Mecklenburg

Gottesdienst diente. Nur die »Passion«, die Kreuzigungsgruppe vor dem Hohen Chor, wurde erhalten. Ihre Darstellung entsprach dem reinen Wort des Evangeliums. Wahrscheinlich erhielt die Kirche bald ein erstes Gestühl, damit die Gemeinde den in deutscher Sprache gehaltenen Predigten konzentriert folgen konnte. Erst etwa 50 Jahre später, unter der Regentschaft von Ernsts Sohn Wilhelm dem Jüngeren, wurden erste bauliche Veränderungen vorgenommen, die direkt auf die Reformation zurückzuführen sind. Als frommer und kunstsinniger Herzog ließ Wilhelm die Schlosskapelle im Sinne des neuen Glaubens, gleichzeitig aber auch als Präsentation fürstlicher Macht neu gestalten. Während der Umbauzeit konnte die Kapelle nicht für den Gottesdienst genutzt werden, deshalb veranlasste der Herzog den Einbau des Fürstenstuhls in der Stadtkirche, damit er regelmäßig der sonntäglichen Predigt beiwohnen konnte. Über den sogenannten Roten Gang hatten er und seine große Familie vom Schloss aus einen direkten Zugang zur Kirche.

Der Augsburger Religionsfriede von 1555 räumte den Landesfürsten das Recht ein, das religiöse Bekenntnis ihrer Untertanen zu bestimmen. Der Grundsatz »cuius regio – eius religio« erhob die protestantischen Landesherren auch zum geistlichen Oberhaupt der Kirche, sie erlangten also praktisch Bischofsrang. Während für Luther die Berufung auf das eigene Gewissen für jeden einzelnen Men-

schen entscheidend gewesen war, konnte nun von echter Religionsfreiheit nicht mehr die Rede sein. Die Kirchen an den Regierungssitzen wurden neben den fürstlichen Schlössern gleichfalls zu Stätten landesherrlicher Repräsentation erhoben. Das galt auch für die Celler Stadtkirche. Der neuen fürstlichen Doppelfunktion konnte am augenfälligsten durch aufwändig gestaltete Grabdenkmäler in den Kirchen Ausdruck verliehen werden. Welcher Platz kam dafür eher in Frage als der Hohe Chor, zumal er ohnehin unter dem Patronat des Fürstenhauses stand? Um ausreichend Raum für das Epitaph seines Vaters Ernst und dessen Gattin Sophie, aber auch für sein eigenes späteres Grabdenkmal, zu gewinnen, ließ Wilhelm der Jüngere den Chorraum erweitern. Und unter dem Altar entstand die Fürstengruft, wo er 1592 selbst als Erster bestattet wurde.

Das Grabdenkmal für Herzog Ernst und seine Gattin Sophie von Mecklenburg gilt sowohl religionsgeschichtlich als auch kunsthistorisch als herausragendes Beispiel für die Selbstdarstellung protestantischer Fürstenhäuser der Renaissancezeit. Den Helm als Symbol der Stärke und Macht hat der Fürst zwar abgelegt, aber Harnisch und Wappen weisen auf die Legitimation und das Gottesgnadentum des Verstorbenen hin. Wichtiger aber erscheint, dass das Fürstenpaar demütig betend unter dem Kreuz und dem Bild des segnenden Gottvaters kniend das ewige Leben erwartet. Das goldene Kru-

zifix über dem Kalvarienberg, auf dem sich neues Leben regt, und mehrere Bibelzitate bezeugen wie eine Predigt die Glaubensgewissheit des verstorbenen Paares und des Stifters.

Die später auf der Südseite des Hohen Chors entstandenen Epitaphe dokumentieren, jedes auf seine zeitgemäße Weise, die individuelle Machtfülle der Fürsten und deren Legitimation, aber ebenso das schwindende persönliche Verhältnis zu Gottesfurcht und Glauben.

Die gesamte im Verlauf des 17. Jahrhunderts vom Fürstenhaus gestiftete Ausstattung der Stadtkirche diente den gleichen Zwecken: Auf der einen Seite war sie Ausdruck protestantischer Frömmigkeit, zum anderen galt sie der Selbstdarstellung der Stifter, die sich als Mittler zwischen Gott und den ihnen anvertrauten Untertanen sahen und diese Verantwortung auch überzeugt und für die Menschen sichtbar wahrnahmen.

Der von Herzog Christian 1613 gestiftete Altaraufsatz macht das besonders deutlich. Über der Abendmahlsszene in Augenhöhe des Geistlichen und der Gemeinde, die Luther als einzig wichtiges Bild für den Altar empfohlen hat, finden sich Darstellungen von Jesu Kreuzigung und seiner Auferstehung. Damit werden die entscheidenden Glaubensaussagen gemacht: Jesus Christus ist für uns gestorben und auferstanden. Er hat uns erlöst. Durch das Heilige Abendmahl sind wir mit ihm verbunden. Alles weitere Bild- und Schnitzwerk hat nur didaktische Bedeutung. Aber unübersehbar präsentiert sich hoch über den drei zentralen Bildern das herzogliche Wappen, nur noch überragt von der plastischen Darstellung der göttlichen Dreifaltigkeit. Der Herzog bezeugt damit seine Verantwortung vor Gott für das Seelenheil seiner Untertanen. Aber ganz unten am Rand der Kreuzigungsszene lässt er sich auf Knien demütig zum Gekreuzigten auf-

erlangten Musik und Schauspiel durch das Engagement französischer und italienischer Musiker und Mimen. Joachim Bitko, Wolfgang Weßnitzer und Melchior Brunckhorst sind nur einige der Musiker, die die norddeutsche evangelische Kirchenmusik im 17. und frühen 18. Jahrhundert prägten und in ihren Werken noch heute fortleben.

Nicht nur die Fürsten, auch die Celler Bürger haben ihrem evangelischen Bekenntnis, so gut sie konnten, sichtbaren Ausdruck verliehen. Um der wachsenden Bevölkerung in der Kirche ausreichend Raum zu geben, waren in die Seitenschiffe Emporen eingefügt worden. Nach der großen Umgestaltung der Kirche im barocken Stil unter dem letzten Celler Herzog Georg Wilhelm – die großartigen für den norddeutschen Raum einmaligen Stuckarbeiten dienten nicht zuletzt auch seiner persönlichen Reputation – machten sich Celler Malerwerkstätten daran, die Emporenbrüstungen mit mehr als 100 Szenen biblischer Geschichten und Figuren zu schmücken. Damit folgte man der Empfehlung des früheren Generalsuperintendenten Johann Arndt, den Menschen das Heilsgeschehen nicht nur im Wort, sondern auch in Bildern zu erläutern und nahezubringen.

Vorlagen für die Emporenbilder fanden die Malermeister u. a. in den Stichen der in Lüneburg gedruckten Stern'schen Lutherbibel. Die Emporenbilder waren somit eine Ergänzung der bildlichen Darstellungen an dem von Johann Arndt gemeinsam mit Herzog Christian konzipierten Altar von 1613.

Freie Religionsausübung

Der Verbindung des letzten Celler Herzogs Georg Wilhelm mit der französischen Hugenottin Eleonore Desmier d'Olbreuse war es zu verdanken, dass die Stadt Celle ab 1665 Glaubensflüchtlinge aus Frankreich aufnahm. 1684 wurde zudem ein Aufnahme-Privileg für verfolgte Hugenotten erlassen, und 1699 gewährte der Herzog schließlich die freie Reli-

oben links: Orgel von 1653

oben rechts: Ev.-reformierte Kirche

unten: Drei Bilder an der Nordempore

blickend in das Bild hineinmalen. Das ist sein persönliches Glaubensbekenntnis.

Eine völlig neue Bedeutung kam der Kirchenmusik nach der Reformation zu. Martin Luther hatte gemeinsam mit dem Kantor Johann Walter in Wittenberg dem deutschsprachigen Choralgesang im Gottesdienst zum Durchbruch verholfen. Der Gemeindegesang war zunächst unbegleitet, sollte aber bald durch Orgelspiel unterstützt werden. Deshalb wurde in der Stadtkirche die kleine alte Wasserorgel über der Sakristei aus der Zeit um 1400 im Jahr 1550 durch ein neues Instrument ersetzt. Das erwies sich allerdings bald als sehr störanfällig und kostenintensiv. Gut 100 Jahre später nahm Herzog Christian Ludwig diese Mängel zum Anlass, die noch heute vorhandene viel größere Orgel zu stiften. Die Stadtkirchenorganisten waren gleichzeitig mit der Musik am Fürstenhof betraut, die um 1700 eine große Blütezeit erlebte. Überregionale Bedeutung

gionsausübung und den Bau eines »Tempels« in der Vorstadt, der allerdings nicht das Aussehen einer Kirche und vor allem keinen Glockenturm haben durfte. Der französischsprachigen reformierten Gemeinde folgte später auch eine deutschsprachige.

Die katholische Religionsausübung war nach dem Auszug der Mönche aus dem Franziskanerkloster Am Heiligen Kreuz ab 1529 völlig zum Erliegen gekommen. Fast 150 Jahre lang fand in Celle keine katholische Messe mehr statt. Das internationale Leben am Hof Georg Wilhelms führte jedoch Diplomaten, Künstler und Beamte aus ganz Europa nach Celle, die den katholischen Gottesdienst wie in ihrer Heimat feiern wollten. Weder der Celler Herzog noch sein Bruder Ernst August in Hannover hatten Einwände gegen die Entsendung des Apostolischen Vikars Niels Stensen. Dieser errichtete 1678 eine Missionsstation in Celle und ernannte Pater Quirinus Quirini zum ersten Seelsorger der jungen Gemeinde. 1711 erfolgte der Bau einer ersten Kapelle, und 1838 erhielt die katholische Gemeinde ihre klassizistische St. Ludwigs-Kirche. Die Türme folgten 1881.

Der für seine Zeit sehr tolerante Herzog Georg Wilhelm gestattete 1670 auch die Ansiedlung jüdischer Familien und die Einrichtung eines Betsaales vor den Toren der Stadt auf der Blumlage. 1692 wies er ihnen den Friedhof Am Berge zu, und 1737 wurde schließlich allen jüdischen Gemeinden im Herzogtum der Bau von Synagogen gestattet. Die Celler

Synagoge (▸ Seite 62 ff.) entstand kurze Zeit darauf in einem Hinterhaus Im Kreise. Mit dem Stadtkirchenpfarrer und Magister Sigismund Hosmann (1694–1696) lebte allerdings zeitweise der spätlutherische Antijudaismus wieder auf. Hosmanns hasserfülltes Pamphlet gegen das »schwer zu bekehrende Juden-Hertz« fand weite Verbreitung.

Die lang ersehnte formalrechtliche Gleichstellung mit den evangelischen Christen erlebten die Reformierten und Katholiken im Königreich Hannover 1824, die Juden erst 1848.

Eine engere ökumenische Zusammenarbeit der verschiedenen christlichen Konfessionen im heutigen Sinn entwickelte sich aber erst langsam nach dem 2. Weltkrieg. Heute sind auch in Celle die Abendmahlsgemeinschaft zwischen Lutheranern und Reformierten, sogenannte ökumenische Trauungen von Protestanten und Katholiken, ökumenische Gottesdienste und Andachten, gemeinsame Gesprächsrunden und verschiedene andere Aktivitäten lebendiger Ausdruck eines guten Miteinanders der Konfessionen und Freikirchen. Auch mit der in Celle neu entstandenen liberalen jüdischen Gemeinde bestehen gute Kontakte auf kommunaler und kirchlicher Ebene. ●

links: klassizistische (kath.) St. Ludwigs-Kirche

rechts: ökumenische Gottesdienste und Andachten

▸ **FRIEDRICH KREMZOW**
ist ehrenamtlicher Mitarbeiter der Stadtkirche.

Êzidische Tänzerinnen.
Über 7000 kurdische Êziden
leben aktuell in der Stadt
und im Landkreis Celle

Von der konfessionellen Einheitlichkeit zur religiösen Vielfalt

VON ANDREAS FLICK

Seit der Stadtgründung Celles gehörten dessen Bewohner zur katholischen Kirche. Mit der Einführung der Reformation durch Herzog Ernst den Bekenner (1597–1546) kam die katholische Religionsausübung im Fürstentum Lüneburg durch Anordnung des Herzogs zum Erliegen. Rund 150 Jahre lang durften nur noch evangelisch-lutherische Gottesdienste gefeiert werden. Erst unter Herzog Georg Wilhelm von Braunschweig-Lüneburg (1624–1705), der mit der reformierten Hugenottin Eléonore d'Olbreuse verheiratet war, kam es zu einer eingeschränkten religiösen Toleranz (Duldung). Außerhalb der Celler Stadtmauern entstanden in den Vorstädten Gotteshäuser, in denen Französisch- und Deutsch-Reformierte sowie Katholiken unter Auflagen (z.B. Gottesdienste in aller Stille, Verzicht auf Glocken oder nichtkirchliche Optik der Gebäude) ihre Gottesdienste feiern konnten. Die Juden, deren Gottesdienste zunächst in einer Privatwohnung gefeiert wurden, bekamen erst 1737 im Fürstentum Lüneburg die Erlaubnis Synagogen zu bauen.

Die lang ersehnte formale rechtliche Gleichstellung kam für die Reformierten und Katholiken im Königreich Hannover erst im Jahr 1824 und für die Juden 1848. Die erste freikirchliche Gemeinde entstand in Celle im ausgehenden 19. Jahrhundert. Infolge des Zustroms von Flüchtlingen und Vertriebenen aus den deutschen Ostgebieten wurden nach dem 2. Weltkrieg ab 1948 diverse evangelische freikirchliche Gemeinden bzw. religiöse Gemeinschaften gegründet. Mit der Anwerbung von türkischen »Gastarbeitern« Anfang der 1960er-Jahre kam es zum Zuzug von Personen muslimischen und êzidischen Glaubens nach Celle.

Musik aus drei Kulturen: christlich – jüdisch – êzidisch

Weihnachten Chanukka und **Îda Êzî**

Freitag, 9. Dezember 2011, um 19.30 Uhr

Ort: Evangelisch-reformierte Kirche
Hannoversche Str. 61 – 29221 Celle

Veranstalter:
Gesellschaft für Christlich-Jüdische Zusammenarbeit Celle e.V.
Evangelisch-lutherischer Kirchenkreis Celle
Evangelisch-reformierte Kirchengemeinde Celle
Concordia Gemeinde Celle
Êzidisches Kulturzentrum in Celle und Umgebung e.V.

Plakat: Musik aus drei Kulturen:
christlich – jüdisch – êzidisch 2011

Die Ökumene im heutigen Sinn ist vornehmlich nach dem 2. Weltkrieg entstanden. Kanzel- und Abendmahlsgemeinschaft zwischen landeskirchlichen Lutheranern und Reformierten, sogenannte ökumenische Trauungen von Protestanten und Katholiken (seit 1969), ökumenische Gottesdienste und Andachten, die »Celler Nacht der Kirchen«, der »Celler Ökumenetag«, die »Allianz-Gebetswoche«, der »Weltgebetstag der Frauen« und ökumenische Pfarrkonferenzen sind heutzutage lebendiger Ausdruck des Miteinanders zahlreicher christlicher Konfessionen. Doch es gibt auch Gemeinden, die nicht in die Celler Ökumene eingebunden sind.

In den vergangenen Jahren ist auch eine interreligiöse Kooperation von christlichen Gemeinden mit den hiesigen Juden, Êziden und Moslems entstanden. Diese spiegelt sich beispielsweise in der Gründung der »Gesellschaft für Christlich-Jüdische Zusammenarbeit e.V. Celle« und diversen Konzertabenden wider, an denen sich christliche Gemeinden, die Jüdische Gemeinde sowie das »Êzidische Kulturzentrum Celle und Umgebung« beteiligten. Ferner wurde 2011 im Urbanus-Rhegius-Haus ein »Abend der Religionen« veranstaltet, und 2016 wurde in der Celler Stadtkirche die Wanderausstellung »Religramme. Gesichter der Religionen« präsentiert. ●

▶ **ANDREAS FLICK**
ist Pastor der Evangelisch-reformierten Gemeinde in Celle.

Ein Ort der Toleranz

Die Evangelisch-reformierte Kirche ist die einzige erhaltene Hugenottenkirche in Nordwestdeutschland
—

VON ANDREAS FLICK

Dass Celle zu einem Zufluchtsort für französisch-reformierte Glaubensflüchtlinge und somit zu einem Ort religiöser Toleranz wurde, verdanken sie vor allem Eléonore Desmier d'Olbreuse (1639–1722). Die Hugenottin lebte seit 1665 am Hof Herzog Georg Wilhelms in Celle. Als Geliebte und spätere Gemahlin nutzte die Französin ihren Einfluss auch zugunsten der verfolgten Angehörigen ihres Glaubens. *»Eleonorens Celler Schloss war, [...] die rettende Arche für die Untergehenden. Dort durften sie ihre Gottesdienste halten [...]«*, stellte einst Henri Tollin fest. Die Besichtigung des Schlosses ist möglich (www.residenzmuseum.de).

Betrachtet man am Celler Hof die Liste der damaligen Höflinge, der Pagen, der Ehrendamen, der Verantwortlichen im Jagd- und Heerwesen, der Musiker und Schauspieler, aber auch der Kammerfrauen, Kammerdiener, Köche, Konditoren, Gärtner, Stallknechte und Lakaien, so fallen unweigerlich die vielen französischen Namen auf, deren Träger freilich nicht nur Anhänger der reformierten Konfession, sondern zu einem kleineren Teil auch katholisch waren. Die Tatsache, dass etwa 90 der über 300 in Celle beheimateten Réfugiés im Hofdienst standen, belegt die höfische Prägung der Celler Hugenottenkolonie, die somit eine andere Struktur besaß als die meisten übrigen Hugenottenkolonien im Bereich des Heiligen Römischen Reiches Deutscher Nation. So konnte der Hof Georg Wilhelms zu einem bedeutenden Vermittler der französischen Kultur in Nordwestdeutschland werden.

In Celle gab es allein zwölf hugenottische Hof- und Ehrendamen. Die adeligen Hugenotten und ihre Nachkommen konnten damals nur Stellen beim Hofstaat, im Jagdwesen, im Unterrichtswesen oder beim Militär einnehmen. Dafür bot der Celler Hof zumindest bis zum Jahr 1705 optimale Möglichkeiten. Rund 50 hugenottische Offiziere verrichteten im Herzogtum Braunschweig-Lüneburg ihren Dienst. Selbst der höchste Militär Georg Wilhelms war ein Calvinist, der Generalfeldmarschall Jeremias Chauvet. Bissig schrieb die hannoversche Kurfürstin Sophie: *»Der Celler Hof, so sagt man, ist ganz französisch, [...], man sieht dort gleichsam keinen Deutschen mehr.«*

Es würde jedoch zu kurz greifen, die Celler Hugenottengemeinde allein als eine Hofgemeinde zu verstehen. Aber auch jene Hugenotten, die nicht direkt bei Hofe waren, fanden ihr Auskommen zu einem bedeutenden Teil durch den Hof. Man denke zum Beispiel an die in Celle lebenden hugenottischen Bäcker, Barbiere, Handschuhmacher, Hutmacher, Kaufleute, Konditoren, Perückenmacher, Schneider, Schwertfeger, Seidenarbeiter, Schuster, Strumpfwirker, Tapezierer, Tuchmacher, Uhrmacher und die zahlreichen Bediensteten der Höflinge.

Zahlenmäßig am stärksten waren unter den calvinistischen Handwerkern die in der Textilindustrie und deren Nebenzweigen tätigen Personen, wie z.B. Strumpfwirker, Hutmacher oder Tuchmacher. Als letzte von Hugenotten gegründete Manufaktur schloss 1817 nach fast 100-jährigem Bestehen die Gabain'sche Hutfabrik ihre Tore. Großes Lob zollte Louis Gabain 1861 den hugenottischen Bäckern in Celle *»Das Backen des Weißbrots führten sie in größerer Vollkommenheit ein, wodurch Celle besonders das schöne Weißbrot bekam, [...]«.*

◀ **Seite 54**
Ein Symbol religiöser Toleranz: der französisch-reformierte »temple« (heute Evangelisch-reformierte Kirche) mit den zwei ehemaligen französischen Pfarrhäusern. Er ist das einzig erhaltene hugenottische Gotteshaus in Nordwestdeutschland

▶
oben: Holztafel mit dem Text von Psalm 147,7 in der Evangelisch-reformierten Kirche

unten: Die hugenottische Herzogin Eléonore Desmier d'Olbreuse (1639–1722)

Am 7. August 1684, also noch vor den anderen deutschen Landesfürsten, erließ Herzog Georg Wilhelm von Braunschweig-Lüneburg ein Toleranzedikt zur Aufnahme von Reformierten in sein Herzogtum, das zahlreiche Vergünstigungen wie Zollfreiheiten und Steuernachlässe für die Zuwanderer versprach. Die große Mehrheit der französischen Glaubensflüchtlinge fand in der West[er]celler Vorstadt (Neuenhäusen) eine Bleibe, wo heutzutage weitaus mehr Hugenottenhäuser erhalten sind als in einstmals bedeutenden Hugenottenstädten wie Berlin, Magdeburg, Potsdam oder Kassel. Der Stadtteil wurde sogar als »Franzosensiedlung« bezeichnet. An die hugenottischen Glaubensflüchtlinge erinnern heute in Celle noch die Straßennamen Fundumstraße, Huguesweg, Lescourscher Garten, Hugenottenstraße und die Herzogin-Eléonore-Allee.

In der West[er]celler Vorstadt wurde im Jahr 1700 auch der »temple« der 1686 gegründeten Französisch-reformierten Kirchengemeinde errichtet, der im lutherischen Celle freilich nicht das Aussehen eines Kirchengebäudes haben durfte und folglich auch über keinen Kirchturm verfügt. Die heutige Evangelisch-reformierte Kirche (Hannoversche Straße 59–61) ist der einzige erhaltene hugenottische Kirchenbau in Nordwestdeutschland. 1847 wurde die Front der Kirche mit einer hölzernen Außenverschalung mit Steinquaderimitationen, vorgesetzten Fensterverkleidungen und Säulen im hannoverschen Rundbogenstil versehen. Typisch für calvinistische Kirchen ist der schlichte bilderlose Gottesdienstraum. Im Wesentlichen handelt es sich um ein Bethaus, das der Verkündigung von Gottes Wort sowie der Spendung der beiden Sakramente Taufe und Abendmahl Raum geben soll. Ein dem Klerus vorbehaltener Chorraum sowie eine Sakristei existieren nicht. Im Mittelpunkt des reformierten Gottesdienstes steht die

Predigt, was baulich durch die zentrale Stellung der Kanzel ausgedrückt wird. Typisch für Hugenottenkirchen ist auch die Gruppierung der Kirchenbänke um die Kanzel. Der hölzerne Tisch vor der Kanzel wird nicht Altar, sondern Abendmahlstisch genannt, da kein Messopfer gefeiert wird. Die Schlichtheit des Kircheninnenraums veranlasste 1753 einen Reisenden zu der abfälligen Bemerkung: »Sie ist nicht wie eine Kirche, sondern wie ein Wohnhaus, so aus einem großen Saale besteht; es ist darin gar nichts zu sehen.« Dabei scheinen dem Besucher die prachtvolle französischsprachige Zehn-Gebote-Tafel ebenso entgangen zu sein wie die beiden Tafeln mit Psalmtexten oder die Orgel.

Die deutsche Bevölkerung stand der Ansiedlung der Hugenotten, die mitunter als ungeliebte wirtschaftliche Konkurrenten angesehen wurden, zuweilen ablehnend gegenüber. So wurden die Franzosen beispielsweise in Celle als »Nahrungsstöhrer« bezeichnet. Insbesondere die Zünfte wachten eigensüchtig über ihre verbrieften Rechte. Dennoch stellte ein französischer Migrant später dankbar fest: »Die celleschen Bürger werden durch fremdes Leid bewegt«.

Exakt 100 Jahre nach Aufhebung des Celler Hofes kam 1805 mit der Zusammenlegung der Französisch-reformierten mit der 1709 gegründeten Deutsch-reformierten zur Evangelisch-reformierten Gemeinde auch das offizielle Ende der Celler Hugenottengemeinde. Bereits wenige Jahre zuvor hatte die Witwe de Cheusse geäußert: »Ehedem war die französische reformierte Gemeinde in Celle eine der blühendsten und zahlreichsten im ganzen Lande, jetzt ist sie, bis auf ein Paar alte abgelebte Personen, ganz ausgestorben [...].« Doch bis heute ist die Tradition der einstigen Glaubensflüchtlinge in der Evangelisch-reformierten Kirchengemeinde lebendig (www.reformiert-celle.de). Dass man den Toleranzgedanken auch im 21. Jahrhundert lebt, zeigt sich unter anderem im engen interreligiösen Dialog mit êzidischen Glaubensflüchtlingen vor Ort, von denen über 7000 in und um Celle – wie einst die Hugenotten – eine neue Heimat gefunden haben. ●

▶ **ANDREAS FLICK**
ist Pastor der Evangelisch-reformierten Gemeinde in Celle.

Die katholische Gemeinde St. Ludwig

VON ANDREA HERDER

Hl. Paulus, St. Ludwig-Kirche Celle

▶
Kirchenfenster in St. Ludwig Celle, von links nach rechts: St. Elisabeth, St. Mathildis und St. Hubertus

Herzlich Willkommen

Besucher erleben das Haus Gottes als interessanten Ort des Glaubens, der Geschichte und der Kunst. Bei der Suche nach Ausstattungsgegenständen gilt es, genau hinzuschauen, denn vieles kann über liturgische Orte und ihre Funktion erfahren werden.

Der schönste Blick auf die Ludwig-Kirche ergibt sich vom Französischem Garten aus. Er zeigt eine Blickachse längs der Lindenallee hin auf das prächtige Portal zwischen den Türmen. Auch im Dämmerlicht ist die Kirche warm beleuchtet, begleitet vom Farbenglanz der illuminierten Fontäne. Die Längsachse des Gebäudes hin zum Französischen Garten wurde vom Architekten bewusst geplant.

Die Innenausstattung im Stil des Neoklassizismus aus dem 19. Jahrhundert ist hierzulande einzigartig. Zwölf kannelierte dorische Säulen tragen das kassettierte Tonnengewölbe und symbolisieren Kraft und Beständigkeit, während von außen lediglich ein Ziegeldach erkennbar ist.

Nach Durchschreiten des Portals hebt sich der Blick vom Boden über den Altar hinweg: Der Fußboden aus Naturkalkstein und der Altar aus toskanischem Travertin symbolisieren den festgegründeten, irdischen Bereich.

Der Tabernakel mit dem apokalyptischen Lamm, dem Zeichen der endzeitlichen Erwartung, symbolisiert das Mysterium des neuen Bundes und das Sakrament der Eucharistie. Die Bergkristalle sollen Bild sein für die Tore des himmlischen Jerusalems und die sinnhaft in Reinheit und Kostbarkeit dargestellte Anwesenheit Christi.

Das Kreuz symbolisiert, dass der Weg zur Auferstehung durch den Tod führt. Es wurde aus dem Holz einer über 6000 Jahre alten Mooreiche gefertigt, versehen mit dem vergoldeten Korpus des Christus.

Das Fenster in der Apsis wurde aus irisierendem Milchglas hergestellt. Es zeigt die symbolische Darstellung der Heiligen Dreifaltigkeit (Auge Gottes = Gottvater, Kreuz = Christus, Taube = Heiliger Geist).

Der Blick des Betrachters wird durch die Gestaltung des Innenraums der Ludwig-Kirche vom Irdischen (Säulen, Fußboden) über den Altar, den Tabernakel und das Kreuz hin zum Geheimnis unseres christlichen Glaubens (Halbrund-Fenster) geleitet.

Aus den Beichtstühlen der alten Peter- und Paulkapelle von 1711 wurden die schwarzen kannelierten Kerzenhalter hergestellt, die eine Verbindung zur Gemeindegründung knüpfen. Die Kirchenfenster wurden anlässlich des 200-jährigen Bestehens der Gemeinde um das Jahr 1911 herum gestiftet. Wir sehen Heilige mit ihren Attributen im Jugendstil in der damals üblichen Fasson. Die Auswahl entspricht katholischer Tradition.

Der Blick auf die Rückwand der Kirche bleibt an der 8 Meter hohen und 4 Meter breiten Gehäusefront der romantischen Orgel hängen. Ein modernes Orgelgehäuse verbirgt sich in einer optisch nahtlos

eingepassten Stilistik der neoklassizistischen Innenausstattung. Die Planungsvorlage des Orgelbaus wurde in Anlehnung an die des hannoverschen Orgelmeisters Meyer von 1843 erstellt. Die Wiederverwendung von acht Registern in der neuen Orgel ist der Werkstatt ter Haseborg aus Südgeorgsfehn zu verdanken. Für Musikinteressierte ist es ein großer Gewinn, dass in Celle unterschiedliche Konzeptionen verfolgt werden: die Musik an der Stadtkirche St. Marien in barocker, in St. Ludwig in romantischer Tradition.

An der rückwärtigen Wand des Kirchenraums stehen Holzfiguren: der Heilige Paulus (mit Buch und Schwert), der Heilige Petrus (mit dem Schlüssel) und der Heilige Ludwig (mit der Dornenkrone).

ITE MISSA EST ...

(auf Deutsch: Gehet hin, ihr seid gesandt) lautet der Entlassungsruf am Ende der Heiligen Messe im römischen Ritus. Mit Schutz und Fürsprache dieser drei Heiligen geht der Besucher den Weg hinaus in die Welt. ●

▶ **ANDREA HERDER**
  ist ehrenamtliche Mitarbeiterin
  der St. Ludwig-Gemeinde.

Historische Entwicklung seit der Reformation

ab 1671   *in Celle erste katholische Gottesdienste
              nach der Reformation in Privathäusern*

29.6.1711   *den Aposteln Peter und Paul zu Ehren geweihte
              Kapelle, Aufbau der katholischen Missionsstation
              durch Entsendung zweier Missionare des Jesuiten-
              ordens nach Celle*

1824   *die Mission Celle wird Pfarrei*

1835–1838   *Abriss des alten, renovierungsbedürftigen Kapellen-
              baus und Neubau im Schinkel'schen klassizistischen
              Stil durch den Lübecker Stadtbaumeister Spetzler.
              Dank großzügiger finanziellen Förderung durch
              Ludwig I. von Bayern heißt das Bauwerk »Ludwig
              Kirche«, Patron ist Ludwig IX., der Heilige von
              Frankreich. Die Gemeinde bestand damals vorwie-
              gend aus französischen Immigranten*

1841   *1. Orgelbau (15 Register auf 2 Manualen und Pedal)*

1881   *Aufbau der Türme am Ostgiebel nach Plänen
              von C. W. Hase*

1883   *Innenausmalung durch Wilhelm Clausing*

27.11.1998 *Weihe der ter Haseborg-Orgel*

Das Kloster Wienhausen

VON WOLFGANG BRANDIS

Außenansicht des Klosters Wienhausen. Links: Klostergebäude, rechts: Klosterkirche St. Marien mit dem Nonnenchor

Das Kloster Wienhausen gehört zu den sechs im ehemaligen Fürstentum Lüneburg gelegenen Frauenklöstern Ebstorf, Isenhagen, Lüne, Medingen, Walsrode und Wienhausen. Alle zeichnen sich durch eine beeindruckende Fülle von aus dem Mittelalter erhaltenen klösterlich-religiösen Kunstwerken aus. Die vormals katholischen Ordens- und heute evangelischen Frauenklöster werden in jedem Jahr von mehreren zehntausend Besuchern aufgesucht. Gegründet wurden sie zwischen dem 9. und 13. Jahrhundert. In ihrer langen Geschichte haben sie viele Zäsuren erlebt. Die folgenreichste und bis heute fortwirkende Veränderung war die Einführung der lutherischen Reformation im 16. Jahrhundert. Damals wandelten sich die drei Benediktinerinnenklöster Ebstorf, Lüne und Walsrode und die drei Zisterzienserinnenklöster Isenhagen, Medingen und Wienhausen in evangelische Frauenklöster.

Das Kloster Wienhausen soll im Folgenden etwas genauer betrachtet werden.

Herzogin Agnes »von Celle« gründete es um 1225. Sie war als zweite Ehefrau des welfischen Pfalzgrafen bei Rhein, Heinrich, die Schwiegertochter Heinrichs des Löwen. Sie selbst stammte aus dem Herrschergeschlecht der Wettiner und wird daher auch oft »Agnes von Landsberg« genannt.

Die Chronik des Klosters, die 1692 von der Wienhäuser Konventualin Maria Kesselhuth, auf älteren Texten basierend, aufgeschrieben wurde, erzählt von der Gründung im nahegelegenen Nienhagen. Von dort sei es aber schon nach zehn Jahren wegen der schlechten Luft und der vielen Mücken nach Wienhausen verlegt worden. Hier habe ein sommerliches Schneewunder der Herzogin den Platz gewiesen, an dem es neu erbaut werden sollte. Urkundlich ist ein Frauenkonvent tatsächlich bereits 1229 in Wienhausen belegt; ein Nachweis für die Gründung

in Nienhagen liegt dagegen nicht vor. Vermutlich kamen die ersten Nonnen aus dem Kloster Wöltingerode. 1233 bestätigte Bischof Konrad II. von Hildesheim die Klostergründung. Das Kloster erhielt die seit dem 11. Jahrhundert in Wienhausen bestehende Archidiakonatskirche mit allen »Zubehörungen«. Herzogin und Bischof statteten das Kloster mit weiteren umfangreichen Einkünften aus. Das Kloster zeigte in den ersten Jahrhunderten seines Bestehens eine besondere Nähe zum welfischen Herzogshaus; dies stellte im 14. und 15. Jahrhundert vier Äbtissinnen, zwei weitere waren mütterlicherseits mit ihm verwandt.

Zu Beginn des 14. Jahrhunderts entstanden der Westflügel der Klausur und der an die romanische Archidiakonatskirche angebaute Nonnenchor im Stil der norddeutschen Backsteingotik. Der vollständig mit Märtyrerlegenden, Geschichten aus dem Alten Testament und dem Leben Jesu ausgemalte Nonnenchor ist einzigartig in Deutschland.

Der Konvent des Klosters Wienhausen lebte nach den Gewohnheiten der Zisterzienser, einem Reformorden der Benediktiner; Hauptpatronin ist, wie bei den Zisterziensern üblich, die Gottesmutter Maria. Nebenpatrone waren der Hl. Alexander und der Hl. Laurentius. Wienhausen sollte dem Zisterzienserkloster Riddagshausen als Tochterkloster unterstellt werden. Eine förmliche Aufnahme in den Orden ist aber trotz der Fürsprache durch Herzog Otto im Jahr 1244 nicht erfolgt. Der Abt von Riddagshausen hat seine Rolle als Vaterabt Wienhausens nicht wahrgenommen. Nur in einem Fall, bei der Wahl der Äbtissin Anna von Langlingen 1565, ist er anwesend gewesen. Das Kloster erscheint nach 1244 auch nicht mehr in den Generalstatuten des Ordens; es verblieb unter der geistlichen Aufsicht der Hildesheimer Bischöfe.

Über die Größe des Konvents ist wenig bekannt; das Chorgestühl des Nonnenchores umfasst 89 Plätze; eine Liste von Konventsmitgliedern, die für das Jahr 1430 Spenderinnen für den Guss einer Glocke aufzählt, nennt lediglich 30 Namen. Eine 1480 durchgeführte Visitation ordnet allerdings als Obergrenze 60 Konventsmitglieder an, was darauf hindeutet, dass diese Zahl überschritten wurde.

Eine der bedeutendsten Wienhäuser Äbtissinnen war Katharina von Hoya, mütterlicherseits mit dem welfischen Herrscherhaus verwandt. Sie leitete das Kloster von 1422 bis 1469. In ihrer Amtszeit entstanden bedeutende Kunstwerke, das Heilige Grab, der »Hoya-Kelch« sowie der sogenannte Heilsspiegelteppich. In das Ende ihrer Amtszeit fällt die große klösterliche Reformbewegung, ausgehend von den Klöstern Windesheim und Bursfelde. Da sich Äbtissin und Konvent der Reform verschlossen, wurde Katharina von Hoya abgesetzt und in das Kloster Derneburg südlich von Hildesheim gebracht. Zu ihrer Nachfolgerin wählte der Konvent schließlich die Derneburger Nonne Susanna Potstock. Die Jahrzehnte nach der Reform entwickelten sich zu einer geistlichen Blütezeit, die Bildung der Nonnen erreichte ein hohes Niveau. Die Bibliothek des Klosters umfasste über 80 Titel; erhalten geblieben sind davon in Wienhausen z. B. ein großformatiges, reich mit Buchmalerei verziertes Responsoriale oder das berühmte, aber äußerlich sehr bescheidene, Wienhäuser Liederbuch.

Den Reformbestrebungen Luthers begegnete man im Kloster ablehnend. Äbtissin des Klosters Wienhausen war seit 1501 Katharina Remstede aus Lüneburg. Sie muss eine besonders gebildete Frau gewesen sein; schon 1502/03 entstand, wohl von ihr initiiert, eine theologische Schrift, die sich ausführlich mit den Aufnahmeriten eines Zisterzienserinnenklosters befasst. An dem von den Reformatoren ausgelösten Abendmahlsstreit hat sie sich ebenfalls beteiligt; bedeutsam ist in diesem Zusammenhang der von ihr und dem damaligen Propst Wulbrand von Oberg 1519 gestiftete Marienaltar im Nonnenchor des Klosters Wienhausen. Dieser zeigt vor dem Tabernakel eine Darstellung Christi als Schmerzensmann, aus dessen Wunden durch Drähte angedeutete Blutstrahlen in einen Kelch mit Hostie fließen.

1521 waren Ernst und Otto, die älteren Söhne des nach der Hildesheimer Stiftsfehde mit der Reichsacht belegten Herzogs Heinrich des Mittleren, diesem in der Regierung des Fürstentums nachgefolgt. Otto verließ 1527 die gemeinsame Regierung. Auf einem im August dieses Jahres abgehaltenen Land-

Der nach den Zerstörungen durch Herzog Ernst in schlichtem Fachwerkstil im Jahr 1550 neu erbaute Ostflügel des Klosters Wienhausen

▶
Kloster Wienhausen, Nonnenchor nach Osten. Hier muss Herzog Ernst bei seinen persönlichen Visitationen den Konvent zur Annahme der Reformation aufgefordert haben

tag wurde beschlossen, »Gottes Wort ... rein, klar und ohne menschlichen Zusatz predigen zu lassen«. 1527 wurde so zu einem entscheidenden Jahr für die Durchführung der Reformation im Fürstentum Lüneburg. Ernst war von ehrlicher reformatorischer Überzeugung geprägt; man darf sein Handeln gerade den Klöstern gegenüber aber nicht betrachten, ohne die überaus hohe Verschuldung des Fürstentums zu berücksichtigen. Diese hatte ihm sein Vater nicht zuletzt durch die mit hohem militärischen Einsatz geführte Hildesheimer Stiftsfehde hinterlassen. So »lieh« er sich in den Folgejahren große Geldbeträge bei den Klöstern und bedrängte sie zunehmend, sich der Reformation anzuschließen. 1529 schickte der Herzog einen ersten lutherischen Prediger nach Wienhausen. Äbtissin Katharina Remstede setzte allerdings selbstbewusst (»sie stund wie eine Maur«) den von Herzog Ernst geforderten Veränderungen heftigen Widerstand entgegen. Sie lieferte z. B. die geforderten Besitzurkunden (»Briefe und Siegel«) nicht aus, sondern floh damit zeitweise nach Hildesheim. Zugriff auf das Vermögen sicherte sich Ernst allerdings dennoch über den Propst als dem wirtschaftlichen Leiter des Klosters, indem er ihn kurzerhand absetzte und die in dessen Verwaltung befindlichen Besitztitel übernahm. Um den Widerstand des Konvents zu brechen, ließ Ernst schließlich sogar Teile der Klostergebäude abreißen, darunter fast alle Kapellen, den gesamten Ostflügel sowie die Propstei. Dennoch löste er das Kloster, wohl auch auf Drängen seiner Landstände, nicht auf; ja, er garantierte sogar eine dauerhafte Versorgung.

Eine eher tragische Randbemerkung bezieht sich auf die Entführung seiner Schwester Apollonia aus dem Kloster, die unter einem Vorwand geschah. Apollonia war als kleines Mädchen in das Kloster gegeben worden und hatte sich dort offenbar sehr wohlgefühlt; sie durfte aber nie wieder zurückkehren.

1543 visitierte der Herzog erneut persönlich das Kloster. Die endgültige Durchsetzung der Reformation hat er allerdings nicht mehr erlebt; er starb 1546, drei Jahre vor seiner starken Widersacherin, Äbtissin Katharina Remstede. Noch zwei Nachfolgerinnen gelten als katholisch, bis 1587 die erste evangelische Äbtissin durch den Celler Superintendenten eingeführt wurde. Aber auch danach hielten sich noch lange vorreformatorische Gewohnheiten wie das regelmäßige Chorgebet, der gemeinsame Tisch und der Zisterzienserinnenhabit, der erst 1616 abgelegt werden musste. Die Einführung der Reformation in Wienhausen bedeutete daher eine

sehr langsame Änderung der klösterlichen Lebensgewohnheiten hin zum bis heute existierenden evangelischen Frauenkloster.

Die verminderten Einnahmen gestatteten es nun nur noch, einen wesentlich kleineren Konvent von ca. 25 Konventualinnen zu versorgen. Die Lüneburgischen Klosterordnungen des 16. und 17. Jahrhunderts bildeten jetzt den formalen Rahmen für das klösterliche Leben. Die monastische Strenge wich einer freieren Verfassung, die z. B. den Austritt aus der Gemeinschaft ermöglichte. Das geistliche Leben veränderte sich, wurde aber niemals aufgegeben. Gebet- und Gesangbücher, handschriftliche Chorgebetsordnungen, Liederzettel und Notizen aus dem 17. und 18. Jahrhundert belegen dies.

Das 19. Jahrhundert schließlich brachte die Wiederentdeckung und erneute Wertschätzung der aus dem Mittelalter in großer Zahl erhaltenen christlichen Kunstwerke. Gerade auch deren Existenz ist ein starkes Indiz für die behutsamen Veränderungen innerhalb des Klosters nach der Reformation. Wie groß die Hochachtung vor den überlieferten Andachtsbildern war, wird durch die Weigerung der Äbtissin Luise Ritmeier deutlich, welche die Herausgabe von Kunstwerken an das königliche Welfenmuseum mit dem expliziten Hinweis auf fortdauernde Gebetsgewohnheiten verweigerte.

1711 führte die Landesherrschaft mit dem Amt des Klosterkommissars ein staatliches Aufsichtsorgan ein; 1937 ging dieses Amt auf den Präsidenten der Klosterkammer Hannover über. Damit begann die gemeinsame Geschichte von Klosterkammer Hannover und dem Kloster Wienhausen. 1963 übernahm die Klosterkammer auch die finanziellen Verpflichtungen, die seit dem Einzug der Propsteigüter während der Reformation vom Staat geleistet wurden. Die Verfassung aller Lüneburger Klöster wurde 1959 bzw. 1972 durch die vom Land Niedersachsen erlassenen Klosterordnungen neu geregelt und den veränderten und modernen Verhältnissen angepasst. ●

▶ WOLFGANG BRANDIS
ist Leiter der Lüneburger Klosterarchive.

Die Celler Synagoge

—

VON MICHAEL STIER

»Ich habe die Synagoge nicht gefunden!«, so sagte mir ein Freund, als ich ihm von dem herrlichen Bau vorschwärmte und er sich auf den Weg machte, Adresse: »Im Kreise 24«. Er hatte wohl die Hausnummer nicht mehr im Kopf und war die Reihe der barocken Bauten mehrmals entlanggegangen, ohne etwas zu finden, was er als Synagoge ansehen konnte.

Wir brachen nochmals gemeinsam auf. Vor der Nr. 24 blieben wir stehen. »Hier, schau, das ist die Synagoge!« »Aber sie unterscheidet sich ja kein bisschen von den Nachbarhäusern!«, staunte er. Ja, als der Herzog von Celle 1738 der jüdischen Gemeinde die Erlaubnis zum Bau der Synagoge gab, da war genau dieses die Absicht und Auflage: Von außen sollte die Synagoge nicht als ein jüdischer religiöser Bau erkennbar sein. Es führte damals eine recht hohe Mauer am Grundstück entlang, die den Blick auf die eigentliche Synagoge verwehrte. War es doch eine Zeit, in der die reformierte Gemeinde in Celle 1700 eine Kirche hatte bauen dürfen, und die katholische St. Ludwig-Kirche ihre Kirchweihe erst 1838 feierte. Celle war eben protestantisch und etwas anderes konnten sich die Menschen nur schwer oder gar nicht vorstellen.

Wir schauen auf die beiden Häuser Im Kreise 23 und 24. Es sind Barockhäuser, in der Fachwerktechnik erbaut.

Bevor wir eintreten, weist mein Freund auf etwas, was er nicht kennt und was an der rechten Seite des Türpfostens befestigt ist. Gekennzeichnet ist die Synagoge wie auch jedes andere jüdische Haus an seinen Türpfosten durch die Mesusa (hebräisch: Türpfosten). Es ist eine längliche Kapsel, die ein Stück Pergamentstreifen enthält, auf dem zwei Ab-schnitte aus dem 5. Buch Moses (6,4–9; 11,13–21) geschrieben stehen. Sie enthalten neben dem Glaubensbekenntnis den Text, der die Anbringung der Mesusa gebietet. Beim Eintreten berührt man kurz mit zwei Fingern den Mund und dann die Mesusa, so wie man einen ehrfürchtigen Kuss weitergibt.

Wir gehen in den Flur der Synagoge. Die alte zweiflügige Tür knarrt. Sicher ist sie noch der erste Zugang.

Gleich die erste Tür führt zur Schule. Zwei recht kleine, miteinander durch eine Tür verbundene Räume bilden die Schule. Die Räume sind nicht größer als 11 und 12 Quadratmeter. Wir stellen uns vor, wie hier die kleinen Gruppen von jüdischen Kindern unterrichtet wurden.

Das Lernen in der Schule ist nach jüdischem Verständnis ein lebenslanges Lernen. Lernen ist eine Lebensgrundlage! Lernen ist eine Existenzform! Lernen ist ein Traditionsbestandteil! Die jüdische Kultur ist wohl die einzige, die von sich behaupten kann, eine lebenslange Lernmotivation und Lernfähigkeit eröffnet zu haben. Im Judentum ist das Lernen keine zeitgebundene Tätigkeit, sondern etwas, das immer existiert und nie aufhört. Der Lerninhalt lautet: »Widme Dich dem Studium der Tora!« (Sprüche der Väter 4,12).

Schon im Kindergarten lernt man als jüdisches Kind hebräisch lesen. Die Kinder lernen das »Schma Israel«, das Grundbekenntnis der Juden, und werden mit den Festen des Judentums vertraut gemacht, soweit sie diese von zuhause noch nicht kennen. In

Bild der Mesusa an der Eingangstür der Celler Synagoge

◄ **Seite 62**
Häuser Im Kreise 23 und 24, Außenansicht Synagoge

Thoraschild und
Thorakronen (2015)

▶ **Seite 65**
oben: Stolpersteine
Fritz, Heinz und
Bertha Rheinhold,
Im Kreise 9

unten: Innenraum der
Synagoge, Bima und
Thoraschrein (2013)

einer jüdischen Schule lernt man neben den Fächern öffentlicher Schulen auch das intensive Studium der Tora kennen.

Heute ist in der Schule der Celler Synagoge ein kleines Geschichtsmuseum eingerichtet mit Dokumenten, Bildern und Gegenständen aus dem Leben der Gemeinde.

Besondere Schmuckstücke sind unter einem Glassturz ein Toraschild und zwei Torakronen. Hierbei handelt es sich um Nachbildungen der Originale, die der Celler Hoffaktor Isaak Nathan Gans ursprünglich seiner Celler Gemeinde 1765 geschenkt hat. Die Geschichte ist sehr interessant: Die wertvollen Silberteile sind bei Hamburger Silberschmieden gefertigt worden. Die Originale schmückten einmal bis zur Pogromnacht 1938 die Torarolle in der Celler Synagoge. Auf unbekanntem Weg gelangten sie in das Jüdische Museum Amsterdam. »Vielleicht waren sie einmal durch ihren Verkauf in Holland die letzte Chance für eine Flucht.« So vermutet mein Freund und wir schauen auf die glänzenden Schmuckstücke. Sie sind dem Original genau nach gebildet.

Im anschließenden Raum wie auf dem Flur lesen wir uns die Biographien von Celler jüdischen Familien vor. Geschäftsleute sind es vor allem, die Manufakturgeschäfte führten, Kolonialwaren sowie Stoffe und Schuhe anboten, dazu Juristen, ein hochverdienter Armenarzt – bis 1938 waren sie Teil der bürgerlichen Gesellschaft in Celle, hochgeachtet, doch dann oft verachtet. Nach 1938 wurde ihnen die Teilnahme am Geschäftsleben verboten, nach 1944 war kaum noch jemand von ihnen in Celle, vertrieben, verfolgt und ermordet. Die Celler Synagoge stand nun leer.

Wir sind still und nehmen den Eindruck des spirituellen Raumes auf, als wir durch die große Tür in die eigentliche Synagoge, den Beetsaal, eintreten. Es ist ein Raum wie ein großer barocker Festsaal, der sich uns öffnet. Mit dem Vorraum ist er 13 Meter lang und gut neun Meter breit. Da die Höhe auch vorgeschrieben war und die damals umliegenden Häuser nicht überragen sollte, ist der Boden um zwei Stufen abgesenkt, die wir nun herabsteigen.

»Eine Synagoge – was ist das eigentlich?«, fragt meine Freund. »Ist sie ähnlich einer Kirche?«

Die Bezeichnung Synagoge kommt aus dem Griechischen und bedeutet Versammlung. Sie bezeichnet den Ort, an dem die Gemeinde zusammenkommt, um zu beten, aus der Tora vorzulesen und die Lehre zu studieren. Die Menschen kommen aber auch zusammen, um das Neueste auszutauschen, um auch miteinander zu lachen und die kleinen Kinder in die Gemeinschaft hineinzuführen. Es geht lebhafter und fröhlicher zu als in einem christlichen Gottesdienst. Der hebräischer Name für Synagoge lautet Bet hakenesset. In der Synagoge gibt es keinen Altar, an die Stelle der Opferhandlungen, die im Tempel in Jerusalem seinerzeit ausgeführt wurden, ist das Gebet getreten. Der jüdische Tempel wurde im Jahr 70 nach unserer Zeitrechnung von den Römern zerstört. Die Erinnerung an ihn und seine seitdem verschwundenen Kultgeräte wird in der Synagoge wachgehalten. Der siebenarmige Leuchter (Menora) und das Widderhorn (Schofar) erinnern an alte Traditionen, wobei die Menora zum Kennzeichen des Judentums allgemein geworden ist. »Und der Davidsstern?«, fragt mein Freund. »Ihn gibt es erst seit dem 17. Jahrhundert, die Menora schon seit Jahrtausenden.«

Zur Einrichtung der Synagoge gehört der Schrank zur Aufbewahrung der Torarollen. Er befindet sich an der Ostwand in der Richtung gen Jerusalem, zu der sich die Gemeinde beim Gebet wendet. Vor dem Toraschrank hängt die »Ewige Lampe« (Ner Tarnid) in Erinnerung an das Licht in der Stiftshütte (2. Moses 27,20–21). Sie war der Ort der Begegnung mit Gott, bevor ein fester Tempel gebaut wurde.

»Und was ist das für eine erhöhte Ebene in der Mitte?« Es ist die Bima oder auch der Almemor. Von diesem Platz aus wird während des Gottesdienstes feierlich aus der Tora vorgelesen. Die Bima besteht aus einem erhöhten Pult oder Podium, einem Tisch (Schulchan, hebräisch: Tisch), um die Tora dort aufzulegen, sowie jeweils einer Treppe für den feierlichen Auf- und Abgang mit der Tora während des Gottesdienstes.

»Und wo ist die Tora?«, lautet die nächste Frage. »Sie ist dort in einem Schrank hinter dem samtenen Vorhang«, sage ich.

Die Tora stellt die Verfassung, das Gesetzbuch des gläubigen Juden dar und sie ist die erste und heilige Grundlage der jüdischen Religion. Neben gesetzgebenden Teilen umfasst sie auch historische Abschnitte, die die Urgeschichte der Welt sowie die des Volkes Israel schildern. Sie ist also ganz besonders auch ein Geschichtsbuch, das Buch der Geschichte Israels. Fünf Bücher umfasst die Tora. Traditionell wird ihre Verfasserschaft auf Mose zurückgeführt. Die Tora bestimmt unmittelbar das tägliche Leben. Sie ist die Grundlage für jene Vorschriften und Überlieferungen, die das nachbiblische Judentum im Talmud insbesondere bei der Aufzeichnung der Religionsgesetze festgelegt hat. Auch ein Talmud ist vor dem Toraschrein zu finden.

Die Tora wird nach jahrtausendealter Tradition mit der Hand auf Pergament geschrieben und aufgerollt wie die Bücher der Antike. Als Rolle wird sie dann mit einem Mantel geschützt und mit dem Toraschild geschmückt. Die Kronen bilden den Abschluss der beiden Rollen. Bei der feierlichen Aushebung der Tora im Gottesdienst werden Mantel, Schild und Kronen abgenommen, die Kronen auf kleine Stangen am Geländer der Bima aufgesteckt. Beim Lesen wird ein Zeiger an der Zeile entlanggeführt. Er hat die Form einer Hand – hebräisch: Jad. Da die Tinte nach uraltem Rezept aus pflanzlichen Stoffen besteht, könnte sie leicht verwischen und die Schrift verändern. Das muss unbedingt vermieden werden.

»Wer ging denn zum Gottesdienst? Alle Gemeindemitglieder?«, fragt mein Freund.

Zunächst waren nur die Männer zum Gottesdienst eingeladen. Als Mann zählt der, der Bar Mizwa (Sohn der Pflicht) ist, also der, der in das Judentum eingeführt worden ist und im Glauben als erwachsen gilt. Dorthin zu führen, ist die Aufgabe eines Rabbiners. Das geschieht im Alter von 12 Jahren. Zehn Männer sind die Voraussetzung, um einen vollständigen jüdischen Gottesdienst abhalten zu können. Minjan ist dafür der Begriff. Das Einhalten dieses Quorums wird besonders von orthodoxen Juden sehr ernst genommen.

Und die Frauen? Sie waren zunächst nicht im Gottesdienst zugelassen. Doch in der Celler Synagoge wurde 1883 eine Galerie im Obergeschoss für die Frauen eingefügt, die getrennt von den Männern am Gottesdienst teilnehmen. In vielen Synagogen ist aber heutzutage diese Trennung aufgehoben.

Wir gehen wieder hinaus, vorbei an dem Opferstock aus Sandstein, der am Ausgang aufgestellt ist. Er weist das Jahr der Erbauung auf: 1740.

Gleich von der Eingangstür zur Synagoge wenden wir uns nach rechts zum Nachbarhaus Im Kreise 23. Dieses Haus gehörte auch der Gemeinde. Als »Celler Judenhaus« diente es ab 1939 als letzte Unterkunft vor dem Abtransport und der Ermordung.

Heute ist dieses Haus mit der Synagoge Eigentum der Stadt. Hier werden wechselnde Ausstellungen gezeigt, die über das jüdische Leben informieren.

Genau genommen können wir von drei jüdischen Gemeinden sprechen. Die erste erlischt mit der Deportation der letzten Celler Juden im Jahr 1944. Doch nach dem Mai 1945 entstand ein bis daher nie gekanntes lebendiges vielfältiges Gemeindeleben durch die sogenannte displaced persons, die nach der Befreiung von Bergen Belsen durch englische Truppen in der Celler Heidekaserne untergebracht wurden. Sie stammten zumeist aus Polen und waren entwurzelt, ohne eine Heimat und ohne die Möglichkeit der Rückkehr. Es waren ca. 1.000 Jüdinnen und Juden. Etwa die Hälfte von ihnen wagte einen Neuanfang und bildete eine chassidische Gemeinde. Die Synagoge mit ihren Nebenräumen erfüllten sie nun mit neuem spirituellem Leben, wie

Religiöse Grundlagen des Judentums

»Und ihr sollt mir sein ein Reich von Priestern und ein heilig Volk.«
(2. Moses 19,6)

Das Judentum ist ein ethischer Monotheismus. Im Mittelpunkt steht der Glaube an einen allgütigen und allweisen, gerechten und heiligen Gott und an eine Moral, die auf soziale Gerechtigkeit und Menschenliebe gerichtet ist.

Das Judentum wird von jedem einzelnen Juden gleichermaßen getragen. Jeder hat seine Verantwortung vor Gott und entscheidet durch sein Verhalten im täglichen Leben seine Stellung zu ihm. Es gibt keine Mittelinstanz, die ihn von seiner Verantwortung entbindet, und auch keine, die ihn freisprechen kann, wenn er Gesetze und Vorschriften nicht einhält.

Jüdischer Glaube ist mehr als nur eine Religion – bei aller Universalität der ethischen Grundsätze war es ursprünglich Glaube und verbindliche Verhaltensweise eines Volkes. Beides zusammen – die Stellung jedes Einzelnen zu Gott und seine Verbundenheit zur jüdischen Geschichte und Kultur

bestimmen – auf vielfache Weise ritualisiert – den Ablauf des Lebens an jedem Tag und im Rhythmus des Jahres.

Gott schloss seinen Bund mit Abraham, dem Oberhaupt einer Familie; so ist das jüdische Volk die stets wachsende Zahl seiner Nachkommen. Demnach wird jemand, der zum Judentum übertritt, nicht nur in den Glauben aufgenommen; das Ritual schreibt vor, dass er als Kind Abrahams in der Familie Aufnahme finden soll.

Jeder Tag gilt als von Gott geschenkt; in seinem Ablauf wird das Dasein selbst durch gesetzestreues Handeln geheiligt. Das jüdische Religionsgesetz regelt jede auch noch so profane Tätigkeit, und so wird das tagtägliche, private und berufliche Leben in all seinen Bereichen mit dem Religiösen verwoben.

Aus: Jüdische Lebenswelten, Berlin 1991, S. 2 f.

Näheres können Sie u. a. erfahren aus der Schrift: Jüdische Gemeinde in Celle. Dokumentation zur Ausstellung, Celle 2014.

▶
Chor und Orchester
der Jüdischen
Gemeinde Hannover
unter Leitung von
Naum Nussbaum

die Verlegung der 57 Stolpersteine in Celle geht auf die Initiative der Gesellschaft zurück.

1997 gründet sich wieder eine jüdische Gemeinde. Sie hatte im Jahr 2015 37 Mitglieder und vertritt die liberale jüdische Theologie. Es werden Sprachkurse angeboten, Gottesdienste abgehalten und die religiösen Feste des Judentums gefeiert.

»Und wie geht es den Juden in Celle und allgemein in Deutschland?«, fragt mein Freund. »Die Frage ist nicht leicht und nicht ohne Bedauern zu beantworten«, antworte ich. »Es gibt einen verstärkten Antisemitismus, ganz besonders im Internet. Schlimmste Äußerungen sind dort zu lesen. Dazu kommt die Aggression von der muslimischen Seite. Es gibt noch viel zu tun, um Vertrauen zu wecken und zu vertiefen. Wichtig bleibt es, allen in Respekt und Würde zu begegnen und die Überzeugungen des anderen zu achten, ja ihn zu unterstützen, dass er seinen Glauben leben kann.« •

◀
oben: Festveranstaltung »40 Jahre Wiedereinweihung der Celler Synagoge« (21. Juni 2014)

unten: Veranstaltung der Gesellschaft für Christlich-Jüdische Zusammenarbeit Celle e. V.: Vortrag »Der moderne Rabbiner. Ein Rollenbild im Wandel«

es ganz einmalig in Celle war und blieb. Eine Zeitung wurde gegründet, eine Theatergruppe und ein Club für kulturelle Veranstaltungen. Ihre Sprache war das Jiddische, aus dem Mittelhochdeutschen entlehnt und heute in Israel wieder neu gepflegt. Diese Gemeinde bestand bis 1950. Alle sind sie ausgewandert in viele Länder, besonders in die USA.

1974 wurde die Synagoge restauriert und neu geweiht.

1980 wurde die Gesellschaft für Christlich-Jüdische Zusammenarbeit gegründet. Sie nutzt bis heute die Synagoge für Vorträge, Musikveranstaltungen, Studien zur jüdischen Theologie und Begegnungen mit ehemals jüdischen Gemeindemitgliedern und deren Angehörigen, die eingeladen werden. Auch

▶ **PASTOR I.R. MICHAEL STIER**
war von 1997 bis 2016 Erster Vorsitzender der Gesellschaft für Christlich-Jüdische Zusammenarbeit Celle e.V.

Impressum

CELLE
ORTE DER REFORMATION
Journal 34

Herausgegeben von
Hans-Georg Sundermann†
und Jochen Meiners

Bibliographische Information der Deutschen Nationalbibliothek: Die Deutsche Nationalbibliothek verzeichnet diese Publikation in der Deutschen Nationalbibliographie; detaillierte bibliographische Daten sind im Internet über http://dnb.dnb.de abrufbar.

© 2017 by Evangelische Verlagsanstalt GmbH · Leipzig
Printed in Germany

Das Werk einschließlich aller seiner Teile ist urheberrechtlich geschützt. Jede Verwertung außerhalb der Grenzen des Urheberrechtsgesetzes ist ohne Zustimmung des Verlags unzulässig und strafbar. Das gilt insbesondere für Vervielfältigungen, Übersetzungen, Mikroverfilmungen und die Einspeicherung und Verarbeitung in elektronischen Systemen.

IDEE ZUR JOURNALSERIE
Thomas Maess, Publizist, und Johannes Schilling, Reformationshistoriker

GRUNDKONZEPTION DER JOURNALE
Burkhard Weitz, chrismon-Redakteur

COVER & LAYOUT
NORDSONNE IDENTITY, Berlin

COVERBILD
Friedrich Kremzow

REDAKTION
Hans-Peter Bock

BILDREDAKTION
Hans-Peter Bock

DRUCK
GCC, Calbe

ISBN 978-3-374-04828-1
www.eva-leipzig.de

HANS-GEORG SUNDERMANN†
Herausgeber

JOCHEN MEINERS
Herausgeber

www.luther2017.de

Die Herausgeber bedanken sich bei folgenden Institutionen, die durch ihre großzügige finanzielle Unterstützung das Erscheinen dieser Publikation erst möglich gemacht haben:

STIFTUNG
SPARDA-BANK
HANNOVER

Ev.-luth.
Kirchenkreis
Celle

Rotary
RC Celle

Bildnachweis

Wolfgang Brandis: S. 59, 61

Gert Busch: S. 1 Mitte, 34 unten

Ralf Busch: S. 34 oben, 35 oben

Celle Tourismus und Marketing GmbH: S. 1 oben, 4/5, 8/9, 22, 23, 27, 58

Andreas Flick: S. 1 unten, 52–55

Fotostudio Loeper: S. 28–31

Benjamin Geier: S. 65 oben

Andrea Herder: S. 56, 57

Dietrich Klages: S. 24–26

Dietrich Klatt: S. 50 oben links, 50 unten, 62

Friedrich Kremzow: S. 33, 34, 36, 38, 41, 44, 45, 46 unten, 47, 48, 49 unten, 50 oben rechts, 51

Ulrich Loeper: S. 10, 11, 14, 15 unten, 18, 35 unten, 46 oben, 49 links, 49 oben, 64, 65 unten

Carsten Maehnert: S. 67

Jochen Meiners: S. 3, 68

Niedersächsisches Landesarchiv/ Hauptstaatsarchiv Hannover: S. 19 rechts

Uwe Schmidt-Seffers: S. 3, 68

Shutterstock: S. 6/7

Stadtarchiv Celle: S. 15 oben, 16, 17, 19 links, 20, 21

Michael Stier: S. 63